农业与农村经济管理丛书

农民专业合作社管理与实务

编著者

宗义湘 苏艳娜 张国梅

焦晓松 魏园园 文 贞

U0950944

金盾出版社

内 容 提 要

本书以贴近生活、易懂实用为宗旨，主要介绍了农民专业合作社的成立、机构设置、内部管理、产权安排以及农民专业合作社创建的主要模式，并总结了国外农民专业合作组织的发展经验和我国对农民专业合作社发展的支持政策，最后辅以不同领域的典型案例以供借鉴。全书语言力求深入浅出、通俗易懂，突出科学性、实用性、新颖性。可作为广大农业工作者和农民专业合作社从业人员学习掌握农民专业合作社知识的通俗读本，也可作为大中专院校相关专业师生的参考资料。

图书在版编目(CIP)数据

农民专业合作社管理与实务/宗义湘等编著.— 北京 :金盾出版社,2012.10(2019.3 重印)

(农业与农村经济管理丛书)

ISBN 978-7-5082-7856-8

Ⅰ.①农… Ⅱ.①宗… Ⅲ.①农民合作社—专业合作社—基本知识—中国 Ⅳ.①F321.42

中国版本图书馆 CIP 数据核字(2012)第 222357 号

金盾出版社出版、总发行

北京太平路 5 号(地铁万寿路站往南)

邮政编码:100036 电话:68214039 83219215

传真:68276683 网址:www.jdcbs.cn

北京军迪印刷有限责任公司印刷、装订

各地新华书店经销

开本:850×1168 1/32 印张:7.5 字数:178 千字

2019 年 3 月第 1 版第 4 次印刷

印数:12 001～15 000 册 定价:22.00 元

(凡购买金盾出版社的图书，如有缺页、倒页、脱页者，本社发行部负责调换)

农业与农村经济管理丛书编委会

主　任

赵邦宏

副主任

许月明　张素罗

主　编

赵邦宏

副主编

王建中　张润清　路　剑　宗义湘

委　员

（按姓氏笔画排列）

于树会　马永青　王卫国

王秀芳　许月明　张辰利

张丽明　张素罗　张悦玲

周稳海　宗义湘　赵邦宏

赵金龙　赵宪军　袁淑辉

序

《国民经济和社会发展第十二个五年规划纲要》(以下简称《规划》)对“十二五”农业农村发展提出了新的要求,各级农业部门要紧紧围绕在工业化、城镇化深入发展中同步推进农业现代化的重大任务,扎实工作,开拓创新,努力开创“十二五”加快现代农业发展和社会主义新农村建设新局面。《规划》指出,推进“十二五”农业农村经济发展,要深入贯彻落实科学发展观,坚持统筹城乡发展方略,以推进农业科学发展为主题,以转变农业发展方式为主线,以确保国家粮食安全和农民持续较快增收为目标,着力强化政策、科技、装备、人才和体制支撑,着力夯实农业和农村经济发展基础,显著提高农业现代化水平、新农村建设水平和农民生活水平,为经济社会平稳较快发展和全面建设小康社会奠定坚实基础。

“十二五”期间,我国农业与农村经济发展中存在着许多突出的问题。满足农产品需求不断增长的资源约束压力依然很大,耕地保有量已经逼近 18 亿亩红线,耕地保护形势依然严峻,节水农业的发展尚有许多技术和政策问题没有解决。解决农产品供求和食品安全的政策有效性不足,政策目标有所偏差,没有从改善和优化食物分配结构方面考虑制定有效的解决农产品供求矛盾的政策,食品安全形势依然堪忧,监管制度和体系很不完善。收入差距还在继续扩大,城乡居民收入差距扩大,农村内部居民收入差距扩大。土地制度不完善,农民的合法权益没有得到充分保障,有意愿进行土地承包经营权流转的农户仍然面临操作层面的制度不完善,建设征地和建设用地制度中的一些根本性问题尚未得到解决。基本公共服务均等化目标的实现仍任重道远。农村金融供给和服务环境没有得到根本改善。

为了适应《规划》提出的农业农村发展的新要求，帮助解决我国农业与农村经济发展中存在的突出问题，河北农业大学经济贸易学院、商学院、人文学院与金盾出版社联袂推出符合中国国情的、有利于指导农业与农村发展的“农业与农村经济管理丛书”，包括《农产品期货与农业生产》、《农村财政项目管理》、《农村公共品投入及社区服务》、《农村小额保险》、《新型农村合作医疗》、《农村新型社会养老保险》、《农民自我发展与创业》、《农民工工伤预防与处理》、《农产品市场营销》、《农村土地流转及征收》、《乡镇企业融资管理》、《中国农业保险》、《农产品质量安全》、《农民专业合作社管理与实务》。

本套丛书坚持“基础理论必要够用，使用语言通俗易懂，理论密切联系实际”的编写原则。适用范围比较宽泛，既适用于高等农林院校经济管理类专业、农学专业、农村区域发展专业等各相关专业本科生使用，也可作为农村基层干部、农业技术人员、经济管理人员的学习和培训用书，同时也可作为广大农民自我提高的有益读本。

该套丛书的出版，将有助于农村基层干部、广大农民及其他农业从业人员了解新时期的农村现状，掌握相应的基本理论和知识，提高他们的综合素质，相信对我国农业与农村经济的持续稳定发展大有裨益。

前　　言

2007年，《中华人民共和国农民专业合作社法》实施，标志着我国农民专业合作社进入依法发展的新阶段。近五年来，农民专业合作社发展迅速，逐渐成为发展现代农业的重要组织载体，是推进农业经营方式转变的有效形式。本书结合丰富的实践案例，阐述了农民专业合作社的发展历程和国际经验，介绍了加入农民专业合作社的条件、要求、程序、原则，分析了农民专业合作社健康发展、规范运作的注意事项，以及合作社如何争取政府的专项扶持资金。

本书由河北农业在大学宗义湘教授担任主编，负责书的总体设计、编撰和修改。各章分工如下：第一、第七章由宗义湘撰写，第二、第五章由魏园园、张国梅（中国地质大学长城学院）撰写，第三、第四章由文贞撰写，第六章由苏艳娜撰写，第八章由焦晓松、杨永明撰写。徐胜利、吴曼、刘子通、李晓佳参加了书稿的文字校对工作。

本书编写过程中参阅并摘录了国内外一些农民专业合作社的相关文献，从中得到了很多有益启发，在此谨向相关作者致以诚挚的谢意。

由于编者水平有限，难免会存在疏漏和不足，恳请读者给予批评和指正。

编 著 者

目　录

第一章　农民专业合作经济组织的产生与发展

农民专业合作经济组织已经是当今农业发展中不可或缺的经济组织形式。西方合作思想最早起源于欧洲，以 19 世纪 20 年代欧文、傅立叶等空想社会主义者进行的合作社实践最为典型。本章主要介绍国际、国内农民专业合作经济组织的发展历程与发展趋势。

第一节　国际农民专业合作经济组织发展

现代国际合作运动的兴起始于资本主义发展的初级阶段，公认的起点是 1844 年成立的英国罗虚戴尔公平先锋社。不久，合作社运动便向欧美各国迅速扩展开来。在 19 世纪末至 20 世纪初形成了具有世界意义的合作社运动，其主要标志是 1895 年国际合作社联盟(International Cooperative Alliance，ICA)在英国成立。

一、国际农民专业合作经济组织发展历程

农民专业合作组织起始于资本主义国家的合作运动。从西方国家合作组织发展历史来看，合作组织经历了一个由弱到强、从不规范到规范化的发展历程。合作组织理论的发展经过大约 160 多年的历史，大致可以分为 3 个阶段。

(一)农村合作经济思想的萌芽阶段(1844 年以前近百年)

农业合作思想萌发于空想社会主义时代，资本主义的生产方式的产生，一方面极大地推动了社会生产力的发展，带动了社会巨大进步。另一方面，也加快了各种社会力量的分化，加剧了社会各

种力量的不均。其中传统的小农经济面对强大的资本主义企业化经营和商品经济的挑战，表现出来的竞争劣势尤为突出，“羊吃人”的资本主义原始积累使得无数小农破产，勉强生存下来的小农也时刻处于危机之中。为了应对来自资本主义工商业企业的共同剥削，以保护农民的利益，由此启发了社会有识之士对农业生产经营组织形式和组织制度的探索，其代表人物为欧文和傅立叶。

罗伯特·欧文(Robert Owen,1771—1858年)，英国空想社会主义者，被后人称为合作经济之父。他在1817年《致工业贫民救济委员会的报告》中最先提出了关于“合作公社”的构想，1819年发表的《对拉纳克郡的报告》中建议：“建立人们自愿加入、同样参与生产工作和分享产品的‘公社’”。他为“合作村”设计了详尽的方案，方案原则是“联合劳动、联合消费、联合保有财产和特权均等”，财产公有是根本的特征。“合作村”既是独立的经济组织，又是基本的社会单元，在公有制的基础上，农、工、商、学统一在“合作村”组织中，每个成员都各尽所能，共同劳动，又共同消费劳动产品。“合作村”中全体成员有平等的权利和义务，共同管理公社事务。在其晚年的著作《新世界道德书》中对合作社有较完整充分的论述“合作社是理想社会的基层组织，是全新的‘人类社会组织的细胞’”。欧文不仅创造了系统的合作社理论，而且还是合作社的实践者。他按自己的理论在美洲和英国进行了一系列的实验，但都以失败告终。

傅立叶(Francis Marit Charles Forier,1772—1837年)，19世纪法国的社会主义思想家。在1829年发表的著作《经济的新世界或符合本性的协作行为》中，傅立叶提出建立一种合作组织——“法郎吉”(Phalange)。傅立叶为自己的理想社会设计了一种叫做“法郎吉”的“和谐制度”，是一种工农结合的社会基层组织。在“法郎吉”内，人人劳动，男女平等，免费教育，工农结合，没有城乡差别、脑力劳动和体力劳动的差别。他还为“法郎吉”绘制了一套建筑蓝图。建筑物叫“法伦斯泰尔”，中心区是食堂、商场、俱乐部、图书馆等。建筑中心的一侧是工厂区，另一侧是生活住宅区。“法郎吉”是招股建设的。收入按劳动、资本和才能分配。傅立叶幻想通过这种社会组织形式和分配方案来调和资本与劳动的矛盾，从而达到人人幸福的社会和谐。傅立叶的思想被他的追随者试图在法国和美国付诸实施，但相继都以失败告终。

欧文和傅立叶的合作社思想虽均以失败而告终，却极大地推动了合作思想的发展，推动了合作运动在欧洲特别是在英国的发展。在英国，合作制的种子是由欧文播下的。欧文及傅立叶的空想社会主义者对未来社会制度的美好设想，成为农村合作经济思想的萌芽。

(二)农村合作经济组织的产生和初步发展阶段(1844 年第一个合作社产生到 1945 年二战结束)

随着合作运动的发展，农村合作经济组织开始相继在世界各国产生。在罗虚戴尔公平先锋社之后，按照罗虚戴尔原则建立的传统农村合作经济组织才开始在各国产生，最为典型的合作组织在英国。鉴于消费合作社在英国快速蓬勃发展，对缓解劳资矛盾和社会阶层冲突产生了积极作用，1852 年，英国颁布了世界上第一部合作社法——《工业及互助会法》(Industrial and Provident Societies Act)，承认了合作社的法律地位。直到 1867 年才由罗虚戴尔先锋社的成员之一格里宁创办了第一家农业与果树联合会。

法国是最先建立起农业合作社的国家之一。19 世纪中期，法国农民虽然摆脱了封建领主的剥削和压迫，但农民从事农业生产时，购买生产资料的价格较高，又遭受着中间商的剥削，农民合作生产和购买生产资料的愿望越来越强。当时，法国商人出售的化肥价格很高，农民不愿承受那么高的价格，于是成立了共同购买化肥的合作社。另外，奶农分散养殖奶牛，产出的牛奶比较分散，于是农民发起成立了奶业合作社，以便把牛奶收集到一起进行加工，再进行出售，为广大奶农解决了加工和销售的问题。到1848年法国已组建了300余家合作社。

1895年国际合作社联盟建立，在其统一领导和组织之下，农村合作经济组织的发展成为国际合作运动的主要内容，按照国际合作社联盟所确立的合作社原则，并借鉴其他类型合作社发展的经验，农村合作经济进入初步发展阶段。这一时期的农村合作经济组织逐步走向联合，开始通过组织之间联合的方式求取生存。如在瑞典由于世界经济大萧条，促使瑞典的各类合作社进一步走向联合，1895年成立了第一个农业地区联合社，1899年成立了全国性的合作社联盟和批发协会，农村合作经济组织作为一种行业性组织。从流通领域到生产领域，从单一经营到多种经营，从独立经营到联合创业，从地区联合到全国联合，都有了较大的发展。

但是由于合作经济的倡导者提出通过合作制度消灭资本主义的目标，以及小农经济在资本主义经济中的弱势地位，农村合作经济的发展并没有得到资本主义政府的支持，也没有引起资本主义国家的足够重视。因此直到20世纪50年代，世界各国农村合作经济的发展仍然十分缓慢。

（三）农村合作经济组织的大发展阶段（1945年二战结束至今）

资本主义世界经济危机和两次世界大战的爆发，使得资本主义社会经济的发展由自由放任的资本主义进入国家宏观调控之下的现代市场经济发展时期。资本主义国家加强了对国民经济各部门的控制和支持力度，从而保持社会经济相对稳定，尤其作为国民经济基础的农业，更成为整个资本主义经济体系的重要内容。与此同时，合作运动由取代资本主义制度变为与资本主义制度共存。在这种情况下，资产阶级政府改变对合作经济的对立态度纷纷对合作经济采取扶植和提倡政策。与此同时，合作经济也积极从政府那里寻找最大限度的支持。政府为合作社的发展提供有利的环境，如制定有利的法律制度，设立促进机构，指派政府职员帮助设立合作社，以及提供税收减免、反不正当竞争法豁免、优惠贷款以及政府采购合同等，合作经济组织通过各种方法保护自身的合法权益。

第二次世界大战后，欧美发达国家对于合作社的扶持又掀起了一个新浪潮。为了进一步增强市场竞争力，并适应农业一体化发展的需要，发达国家和准发达国家的合作社又有相当大的发展，增添了若干新特点，为了筹集企业建设和发展所需可靠的长期使用资金，合作社引入股份制，形成股份合作社。股份合作社吸收了合作社和股份公司两者的优点，把它们结合起来而不改变合作社的性质，坚持民主管理，"一人一票"的决策原则。股份合作社的股东必须是社员，所有者、经营者和惠顾者达到"三统一"。

与此同时，合作社的组织结构发生了重大变化。欧洲的合作社中出现了合并浪潮，通过联合与合并，合作社的规模不断扩大，社员人数不断增加，合作社数目却在减少；合作社的人才、技术和设备条件都有明显改善，市场应变能力和竞争力大大增强。随着合作社规模的扩大，企业管理日趋复杂，委托代理制被引入合作社，所有权与经营权分离，管理权逐步从社员向职业经理转移。合作社也参与纵向一体化进程，提高合作社的经济效益和市场占有率。

二、国际农民专业合作组织的组织原则与类型

（一）组织原则

农民专业合作组织的组织原则集中体现在合作社制定的行为规范和它的运作准则上，这是合作社必须遵守的纪律。国际上最早建立的合作社准则是"罗虚戴尔原则"，这是各国合作社发展应该遵循的基本原则。1844 年，在英国成立的罗虚戴尔公平先锋社，是一个由该镇 28 名纺织厂工人共同发起成立的消费合作社，

它所特有的制度框架包括八大方面，即：①入社自愿、退社自由；②一人一票；③现金交易、不赊购赊销；④货真价实，足斤准尺；⑤按市价销货；⑥按惠顾量分配盈余；⑦重视社员教育；⑧在政治和宗教上保持中立。英国罗虚戴尔公平先锋社尽管是消费合作社，但其制定的这些合作原则和合作精神广泛流传于世，至今仍是国际合作社联盟(ICA)共同遵守的思想基础。

1895 年，国际合作社联盟(ICA)成立，合作社规定，凡加入该组织的成员，首先要承认“罗虚戴尔原则”。此后，国际合作社联盟的合作社原则进行过几次标志性的调整，1934 年，国际合作社联盟通过总结讨论自联盟成立以来国际上各种不同合作学派的理论观点，于 1937 年正式将合作社原则归纳为七项，并命名为“罗虚戴尔原则”。随着时间的推移和认识的不断深化，在遵守“罗虚戴尔原则”基本精神的前提下，各国学者和合作社实践者都在不断地探究如何完善合作社原则，使之更加符合合作社实践的需要。1966 年，国际合作社联盟在维也纳第 23 届大会上对 1937 年确立的“罗虚戴尔原则”进行了适当的修订，规定为六条，并命名为“合作社原则”。1995 年，国际合作社联盟成立 100 周年之际又将国际合作社原则增至七条，即：自愿与开放的社员资格；社员民主管理；社员经济参与；自治与独立；教育、培训和信息；社际合作；关心社区发展。

1. 自愿与开放的社员资格 指合作社是人们自愿联合的组织，自然人和法人全部为入社自愿、退社自由，合作社对所有人开放，没有性别、种族、政治、宗教歧视。

2. 社员民主管理 合作社是社员管理的民主组织，合作社的方针和重大事项由社员积极参与决定。在基层合作社，社员有平等的投票权(一人一票)，其他层次的合作社也要以民主的方式组成和运作。

3. 社员经济参与 社员要公平地入股并民主管理合作社资

本(社员入社的条件之一)。资本至少有一部分通常是作为合作社的共同财产,社员对其已具备社员资格所认缴的资本通常最多只能得到有限的回报。合作社的盈余分配应用于下列部分或全部之目的:发展其合作社,如设立公积金,其中至少有一部分是不可分割的;按社员与合作社之间交易额的比例返还给社员;用于社员同意的其他活动。

4. 自治与独立　合作社是由社员管理的自主自助组织。合作社如果与其他组织(含政府)达成协议或通过其他渠道筹资,社员的民主控制和合作社的自治原则不应由此受到损害。必须做到保证社员民主管理及合作社的自主性;与政府保持公开、明晰的关系,成为独立于政府的自治组织;合作社与私营企业联合的趋势在加强,这不会使合作社消亡,但合作社必须保持自己的独立性。

5. 教育、培训与信息　这主要包括:一是合作社要为社员、代表、经理和员工提供教育和培训,教育包括合作思想与知识、鼓励惠顾等方面的教育,培训则主要指技能方面的训练;二是向年轻人和"舆论名流"宣传合作社的性质和好处;三是作为公共组织,定期向社员、公众和政府提供其业务信息,加强与社员沟通和对其的服务。

6. 社际合作　合作社通过地方的、全国的、区域的、国际的社际合作,为社员提供最有效的服务,并促进合作社的发展。

7. 关心社区发展　合作社在满足社员需求的同时,积极推动和促进所在社区的持续发展,包括经济、社会、文化发展和环境保护。

以上就是被世界公认的"罗虚戴尔原则"或者"传统原则"。后来还有比较流行的"比例原则"和"现代原则"。"比例原则"认为,合作社的控制权、所有权和声誉分配决策都要建立在社员与合作社的交易份额比例上。具体说,合作社的投票权以社员的交易额多少为基础,交易者以交易额的多少认购股东,盈余的分配也以交易额为依据。"现代原则"可以根据美国农业部对合作社的指导原则来说明,"现代原则"认为:投票权由交易社员行使,可以一人一票,也可以按交易比例投票;交易者认购股东,在成本的基础上,净所得视为盈余金,分配给交易者。

(二)组织类型

合作组织是全球性的经济现象,是市场商品经济发展的产物,同时也是分散的农民进入市场经济的共同方式和最好形式。虽然世界各国农民合作经济组织产生的背景、发展的环境和发展的模式各不相同,各具特色,但从其产生的路径、存在形式和运作方式来看,农民合作经济组织大体有 3 种类型:农场主合作经济组织、专业性合作经济组织和社区型合作社。

1. 农场主合作经济组织 这是国外早期农民专业社的主要形式,以美国、加拿大、巴西为代表,其主要特点是跨区域合作与联合,以农产品共同销售为主。例如美国合作经济组织,由于私营农场主独立完成农产品的生产、加工、运输和销售各个环节会产生低效率,因此大量为农场主提供各种类型服务的合作经济组织开始自发产生。这些合作经济组织主要可分为供销合作社、信贷合作社和服务合作社 3 类。其中供销合作社主要负责种子、农药、化肥等农用物资的供应以及农产品销售;信贷合作社主要负责融资及贷款问题;服务合作社则为农场主提供医疗、保险等服务。美国的农民合作经济组织内部完全按照企业化方式运行,相关人员均属雇佣关系,为保证合作社股本金的稳定性,要求社员支付较高的首期投资,而且成员资格封闭,主要发展产品具有高附加值的加工业,从而提高社员的收入。

从根本上说是家庭农场制度,通常称农场主合作社。美国合作社的发展,首先是从发展销售合作社继而扩大到供应和食品加工,因此美国销售合作社规模大,在牛奶、水果、蔬菜等领域占有较大的市场份额,涌现了不少国际驰名品牌。特别是 20 世纪 90 年代“新一代合作社”的新型合作组织出现之后，该组织实行交易份额和限制会员制，主要发展农产品加工增值。合作社只向自己的社员收购预定数量的产品，不再作为产品的交换销售基地。美国的农业合作社有严密的合作组织体系，并建立了以国家为主体完善的农业信息系统，由国家农业部的五大信息机构，分别是国家农业统计局、经济研究局、世界农业展望委员会、农业市场服务局和外国农业局等权威部门来收集和发布，以保证信息使用的公平性、真实性、及时性、全局性。政府通过农业合作社和推广处这两个机构对合作社提供援助，以及推行合作社教育与培训计划，并通过相关的法律、法规保证合作社在市场经济中健康发展。

2. 专业性合作经济组织 专业性合作社以某一产品或农产品的某种功能为对象组成合作社，一般只围绕一种或几种农产品展开业务。这类合作社的专业性比较强，以欧洲的德国和法国为代表。这些合作社为专业农户提供专业化、系列化服务，保护社员权益，提高合作社竞争力。合作社的职能主要是开展农业产品加工、销售、为农户购置生产资料，目的是要在资本市场和农产品市场上加强农户的竞争能力。合作社的组织由中心合作社、中心银行、中心工业品合作社三个体系组成。合作社内部产权清晰，如果合作社破产，要先偿还债务，再退还最新入社资金。解散时，不可分割的财产交当地公共管理机关作为公共基金或设施用于当地居民社会福利支出。

因为农业的效益毕竟不高，专业性合作、单一性经营致使农产品的商品率较低，只有综合性经营才能维持盈余和可持续发展，因此，专业性合作社逐渐演变成综合性合作社，也有一些专业性合作社经过制度创新，通过农产品的深加工和精加工，大幅度的增加农产品的附加价值，以增加合作社的收入。例如，北美地区的“新一代合作社”，是以开展农产品加工为主，以提高农产品附加值为目的、实行社员资格封闭制的一种新型合作社。

3. 社区型合作社 这种合作社的主要特征是以综合性为主,以日本和韩国农协为代表。以所在地区内的所有农业经营者为对象,凡是本地区内的所有主要农产品均属其经营范围,政府在合作社的产生和发展过程中起着重要的作用,合作社也在调节政府政策和农民利益关系中发挥了积极的作用。

日本的农业协同组合(简称"农协"),是根据 1947 年施行的《农业协同组合法》建立起来的农民互助合作组织。农协的成立一方面是为了促进农村合作事业的发展,提高农民的社会经济地位;另一方面则是日本政府为应付战后初期粮食短缺、通货膨胀严重的局面而在农业上采取的各项政策措施。日本农协不仅提供购销服务,包括帮助农民采购农业生产资料、生活用品、收购、加工、存储、销售农产品等,还提供信用和保险以及技术教育培训和生产与生活服务。可以说,日本农民协同组合不仅是农民经济利益的代表,也是政治利益的代表,是行政辅助机构和政治团体。

三、国际农民专业合作经济组织发展新趋势

从 20 世纪二三十年代以来,国外发达国家农民专业合作经济组织表现出以下 3 个方面的发展趋势。

(一)集中化和大型化

二战以后,随着市场竞争的加剧和合作组织经济规模的扩大,各发达国家的农村合作经济组织出现了明显的横向集中趋势,这种趋势在西方被称之为"结构转换"。这种集中趋势兴起在 20 世纪 60 年代,主要做法是收购同类产品企业,以实现规模经济。具体表现为此期间的基层农村合作经济组织的数量大量减少,同时每个基层合作经济组织的社员人数迅速增加,合作经济组织的营销规模和市场占有率不断扩大。如原联邦德国的信用合作社的数量从 1961 年 10 726 个减少到 1984 年的 3 713 个。与此同时,信用合作社社员的总数却从 216 万人增加到了 972 万人,平均每个

合作社经营的资本金从 1 445 万德国马克增加到 2 090 万德国马克。农业合作社的经营规模也在不断扩大,从 1949 年到 1979 年,规模在 30 公顷以上的农场增加了 419 万个,而规模在 1～30 公顷的农场则减少了 8.2 万个,而且集中的趋势有可能进一步加剧,甚至存在某个行业的合作组织合并成一个全行业的合作组织的可能性。如丹麦全国的蛋鸡合作社在 1995 年只剩下 1 个。

以日本农协为例,随着农业部门机械化的普及利用,市场竞争形势日益激烈,日本农协从组织机构、商品流通形式、业务范围等方面都采取了相应的措施。1972 年,全国购买农协联合会和全国贩卖农协联合会合并,成立全国农业协同组合联合会。与此同时,全国不少基层农协也进行了合并,并普遍增设了保险业务、信用业务、指导业务等,从而使农协的事业适应了农业形势的变化。到 20 世纪 80 年代,随着日本经济的发展,农协也在不断变化,兼业农业大量涌现,专业化生产迅速发展,农村出现青年劳力不足的状况,为提高农协事业的经济效益,增加农民收入,增强市场竞争能力,不少地方基层农协进一步合并,扩大了经营规模。

(二)管理民主化

民主管理是西方国家农业合作经济组织成功的关键,也是必须遵循的基本原则。主要表现在 5 个方面。一是自愿加入、自由退出。农民有选择加入这个、退出那个合作社的充分自由,任何组织和个人不得干涉。二是一人一票,人人平等。合作社领导人的选举和重大事项的决定必须经过社员大会或代表大会表决通过,表决时每位社员有同等的权利,不因入股多少而不同。三是合作社领导人决策失误,要负经济连带责任。法国有些合作社对领导人实行末位淘汰制。四是盈利分配留一定比例的公积金、公益金(或教育基金)后,剩余部分按股分红外,还要按社员与合作社交易量的多少进行分配。五是监督机制健全。合作社的经营管理情况除受到监事会监督外,每年还要将工作总结决算报告等重大情况向所有社员通报，接受监督。另外，政府主管部门和合作社系统内部每年还要进行审计监督。如日本政府农协主管部门和农协中央会对所有农协每年进行交叉审计。

（三）公司化

传统的合作社都是在特定的历史条件下形成和发展的，并适应生产关系一定要适应生产力这一基本规律。传统合作社制度上的缺陷日益暴露出来。最主要的表现是发展中国家的合作社发展处于停滞状态，同时发达国家的合作社也面临着市场竞争的重重困境。显然，传统合作社的一些原则已经不能适应经济发展和社会进步的要求，对传统合作社的改革迫在眉睫。面对传统合作社制度存在的内在缺陷，随着社会经济环境的变迁，以及日益激烈的市场竞争，以美国为代表的西方国家新一代合作社表现出明显的公司化发展倾向。当代农村合作组织的营利化趋势越来越明显，具体表现在合作组织与成员间的商业化交易态势，愈来愈严格的交货条件。与非社员、非成员企业的交易增多。由于市场竞争的压力，合作组织与其成员的交易关系愈来愈趋向于商业化。普遍运用严格的成本核算原则。在市场竞争环境下，如果没有确切的数量、规格、品质、种类等方面的要求，下游加工企业就加工不出符合消费者需求的产品，最终损失的不仅是加工企业，而且是包括农民在内的整个合作企业。为此不少国家通过法律或者合作条例，明确交货责任，确保加工环节的效率。此外，市场竞争的加剧，迫使合作企业不得不开展与非合作企业或非合作成员企业的交易。

在美国，农产品营销合作社在所有合作社中占有很大的比重，“新一代合作社”的创新活动主要是围绕农产品营销活动而来的。其主要的趋向是治理结构的公司化。“新一代合作社”以“投资—利润”为取向。到 20 世纪 70 年代早期，美国中西部的明尼苏达州、南达科他州、北达科他州等地区率先在罗非鱼、美洲野牛、硬质小麦、谷物、食用豆、牛奶等农产品的领域采用新型合作社组织形式。它与传统合作社相比，资金筹集、社员总数、买卖协议、交货权利等方面更具有独特的组织特征。特别是20世纪90年代后，新型合作社在北美地区发展非常迅速，在全美各地区更多细分农产品领域得到全面推广。目前，全美有80%的农场主都参加了各种形式的合作社，美国农业合作社的规模在世界范围内，也是最大的民营组织口。研究发现，新一代合作社对农村社区，尤其是在那些经济严重停在原点，农业和非农业都比较落后的地区影响非常的大。

(四)产业链延伸

农民合作可以是水平的合作，也可以是纵向的合作，即农业生产供给、农业生产、农产品储藏加工及销售等环节的合作。从西方发达国家农民合作的历史进程来看，传统的农民合作大都体现为水平的合作，这种合作组织与制度着眼于将分散的农民联合起来，以形成对市场的抗衡力量并保护农民的基本利益。以纵向一体化为特点的农民合作是传统农业合作的进一步发展，它与市场竞争联系。是近年来农民合作一体化的主要趋势。西方发达国家的农工商一体化、产加销一条龙是在合作组织内部完成的，合作机制的日趋完善促进了农业产业链条的延伸，提高了农业的比较利益，真正达到了保护弱者、抗衡垄断的目的。纵向一体化，指合作经济组织的生产向产前、产后的延伸，或者说是沿着农业产业链向上游、下游产业的延长。合作社业务的纵向一体化发展有两种形式：一种形式是建立两级联社，形成一体化的营销网络。另一种形式是建立专门的合作企业。

纵向一体化包括两方面：一方面是合作社服务的一体化，即向合作社提供产前、产后的系列化服务。这是合作社的基础。另一方面是通过本身合作社业务的扩展，实现从农产品的集中、处理、储运、加工直到批发、零售、进出口等环节的纵向一体化。这是合作社纵向一体化的发展趋势。不难看出，纵向一体化是合作经济组织未来发展的方向,以日本和美国为例。

日本农协为了提高市场占有率,积极扮演产加销一体化中龙头企业的角色,不仅提供产前、产后和产中的一系列服务,还直接与批发和零售商签订合同,“直销”农产品;更直接利用自己创办的零售和批发企业,如超市等销售网络,直接将产品一步到位地送到消费者手中。“农协”牌牛奶、大米、蔬菜等,都由农协统一注册商标、统一生产加工,然后利用农协的销售渠道统一进行直面消费者的销售,既实现了农协会员的利益,也使消费者受惠不小,因为质优价廉深受欢迎。

为了提高经济效益和市场占有率,美国将分散的农业合作社横向和纵向地合并与集中,实现了业务的集中和经营规模的扩大,目前许多农业合作社已经成为了全国性的合作社。随着规模的扩大,美国现在已经形成了很多集收购、运输、检验、分级、加工、包装、销售等环节于一身的,涵盖了产前、产中及产后业务的综合的、一体化的合作社。以“新一代合作社”为例,合作社社员所参与的是他们自己生产的原料农产品的加工和增值事业,他们与合作社进而与其他社员相互之间存在着广泛的纵向一体化关系,他们被要求按规定的数量和质量以及规定的时间和地点交付原料农产品,因而社员成为“农产品—食品”产业体系中的一员,而不是一个简单的投资者。目前美国已有一定数量的合作社发展成为了跨国集团,在北美洲乃至全世界占有重要地位。而且有的巨型农场主合作社已被列入500家美国最大的工业公司名单,朝着国际化的方向发展。

(五)注重营利

出于竞争的需要,合作社“不以营利为目的”的原则开始发生转变,传统的合作社重要原则之一是为社员实行有偿服务,不以营利为目的原则。但是从第二次世界大战以后,合作社为了适应市场经济的需要,开始放弃了这一原则。本来,“不以营利为目的”的原则，无论从哪方面看都是正确的。因为组建合作社的本意是为社员服务，服务是目的，营利是手段。但是因为早期的合作社遵奉罗虚戴尔原则，主要是为社员服务，只收回一些必要的费用就可以了，同时自行规定在交易中的利润率有一个限制。而且，有些国家政府一方面对合作社以支持，另一方面又对合作社经营的利润率有严格的最高限制。例如，英国在50年代以前的合作社法规定，合作社社员缴纳股份款不得超过200英镑，股份资本的利润率限于不超过5%。美国则对合作社社员股份资本利润率规定在8%以下，这样使合作社的经营有别于一般的私人资本经营。以后，随着市场竞争的日趋激烈，合作社已不能适应有较低的利润率，而开始追求较高的利润率，甚至以获取最大利润为目标。这已成为当代发达国家合作社发展的一种趋向。这是因为：

在市场竞争中，市场情况瞬息万变，此次交易可能是盈利，下次交易可能是亏损，经营此种商品可能盈利，经营另一种商品可能是亏损。盈亏全在不稳定之中。因此，合作社的经营者，为在竞争中求生存，尽可能追求利润最大化，以适应经济市场的瞬息万变。

现代市场竞争就是实力的较量，合作社必须清醒的认识到适者生存这一自然规律。如果合作社不壮大自身的实力就不能积聚自身的资本，以占领更多的市场份额；另一方面如果没有积累的盈利作为资本，在竞争对手采取降价措施时，就无力与对手抗衡，合作社很难在激烈的市场竞争中生存下去。

第二节　我国农民专业合作经济组织的发展

一、新中国成立后的合作社运动

新中国成立后的农业合作运动,其发展主要经历了3个阶段。

(一)农业合作化运动阶段(1949年至1958年初)

1951年9月,中共中央作出《关于农业生产互助合作的决议》,在全国范围内开展农业生产互助合作运动。我国农业合作化是1952年春在北方老区试办开始的。在前期简单的临时互助组和共同劳动基础上,发展了实行一些分工分业而且有少量共同财产的常年互助组,并在此基础上实行土地入股、统一经营,而有较多公共财产的初级农业生产合作社。到1955年上半年之前,我国的合作社运动一直是有计划、有组织地稳步发展的。这一时期的改造小农经济、变革农业经济制度的合作社是有成效的。

1955年7月至1958年初,中国农村掀起了建立高级农业合作社的合作化高潮,到1956年6月,第一届全国代表大会通过了《高级农业生产合作社示范章程》,并采用行政命令的方式在全国大搞升社、并社工作,大量发展高级社。在行政命令的推动下原来计划用18年时间完成的任务只用了五年的时间就完成了。在这一阶段,农民组织的发展经历了从单个农户逐步过渡到互助组、初级合作社直至高级合作社的过程。国家通过在农村组建基层政权、土地改革和合作化运动等方式逐步提高农民的组织化程度,将中国农村中汪洋大海般的小农经济组织起来。但是,农业合作化的仓促完成,带来了一系列的问题。最突出的问题是大规模的农业经济组织的建立,因缺乏有效的管理制度而出现混乱;浮夸风、强迫命令助长了农村基层干部的不良作风;单一的高度集中的农业经济管理体制,限制了农民的经营自主权,不能有效调动农民群众的积极性等。

(二)人民公社化阶段(1958年至1978年)

这个阶段以1958年4月中央发出《关于把小型的农业合作社适当地合并为大社的意见》为标志。我国全面开展农村人民公社化运动的主要动机是为国家提供一项依据,即为我国社会主义建设提供依据。这就使农民真正享有生产经营权、生产资料占有权、收入分配自主权等权利。实行农业合作化后不久,在轻率地发动"大跃进"和人民公社化运动的浪潮中,各地纷纷把小社并成大社,有的小乡也合并成大乡。在"组织规模大比规模小好、公有化程度高比程度低好"的"左倾"冒进思想支配下,人民公社化的速度进一步加快,将高级社直接拔高为"一大二公"的人民公社。信用合作社的独立性也被取消,农村信用合作社被下放给人民公社管理,农村信用合作社遭到严重破坏。

此后不久,全国掀起了声势浩大的人民公社化运动。短短几个月时间内,中国就有74万多个农业生产合作社被改组为2.6万多个人民公社,参加公社的农民多达1.2亿户,占全国总农户的99%以上。至此,农业合作化运动已经推进到了人民公社化阶段。人民公社通过将农民高度组织起来,形成了组织规模上的"一大二公"、组织体系上的"政社合一"以及组织机制上的"三级所有,队为基础"。这样一个三级组织结构的公社政权同时兼备了政治、经济和社会多重功能,农民的农业生产、政治和文化生活都在公社范围内由组织统一安排,农民被公社高度组织起来了。在这一阶段,从形式上看,农民的组织化程度似乎很高,而实际上,由于公社自身激励机制的缺乏,人民公社的政治性功能明显压抑了其经济性功能,过度强调共同的集体利益,压抑了农民自发的个人利益追求,这样一个极端组织化的"农民利益共同体"内部缺乏激励机制,严重影响了农民的生产积极性,造成组织内部交易成本非常高,大大削弱了组织在规模和资金调动方面的优势。1957—1978年,农民人均收入仅增加 64.22 元，平均每年仅增加 3 元，而且增收的大部分来自集体，家庭副业因为“左”的思潮影响而增加甚微。这种极端化的组织形式发挥的实际效能极低，忽视了生产力决定生产关系的基本原理，在追求纯粹公有化的过程中，既排斥了农村商品经济，又单纯地把农民组织化的速度和方法问题归结为阶级性问题，并把农业为工业化和城市化做贡献作为促进经济发展的一个策略，这降低了农民所应该获得的比较利益，影响了农民发挥生产经营的积极性。在这种强制性制度的实施过程中，当时中国的农村经济和农民收入增长相当缓慢。总体而言，农村人民公社组织所发挥的积极意义是微不足道的，它违背了农业生产力的要求，压抑了农民自身的生产积极性，使这 20 年间我国的农业生产力停滞不前。从 1978 年以后，随着家庭联产承包责任制的展开和全面推进，人民公社组织也势必会被废除，退出历史舞台。

(三)新型农民专业合作经济组织的探索与发展阶段(1978 年以来)

十一届三中全会之后，以家庭承包为基础，统分结合的双层经营体制成为了农村最基本的生产经营体制，原有的农业生产合作社形式被打破，人民公社体制也相应被取消，随着家庭经营的普遍实行，农村的合作经营进入一个新阶段。农民有了土地的使用权和经营自主权，生产力得到解放，中国农民逐步告别了饥饿、解决了温饱。

进入 20 世纪 90 年代以来，农产品的产量得到很大的提高，特别是大宗农产品结束了长期以来供给紧张的问题。随着市场经济体制的确立，分散经营的弊端开始逐渐显露出来。农民面对激烈的市场竞争和瞬息万变的市场行情，一些地方相应出现农产品销售难的问题。与此同时，生产资料购买成本居高不下，导致农民增收困难。为此农民对农民合作组织有了新需求，合作组织从主要以技术合作为主，转向共同购买生产资料、销售农产品乃至进行共同使用资金、设施等生产要素的合作。与此同时，合作组织的活动范围也逐渐突破地域，出现了一些跨乡跨县甚至跨省的合作经济组织。

农业产业化是有中国特色的农民合作之路，20 世纪 80 年代中期起，部分地区已经开始出现将农产品的生产、加工、流通等运行环节紧密连接起来，实行一体化经营。这种经营方式其实质在于利益一体化，也就是将农产品生产、加工、流通三个环节的经济收益结成一体，由追求各自环节的利润最大化变为追求整个农业产业体系的利润最大化，农民除继续享有生产环节的经济收益外，也享有加工和流通两个环节的经济收益。在推进经营一体化这种经营方式的过程中，有的农民自己组织起来从事农产品生产、加工、流通等综合经营活动，也有农民、加工企业和流通企业相互联合起来的，但目前更多的、也更具活力的是由加工企业或流通企业牵头，通过建立农产品生产基地与农民结成利益共同体，将过去的商品买断关系转变为经济合作关系。进入 90 年代后，种养加一条龙、贸工农一体化经营，将农业产业化经营继续向前推进。农业产业化的步伐明显加快，从而也带动了农民组织化程度的提高，龙头企业联系的农户更多。

二、中国新型农民专业合作组织的内涵界定

新型农民专业合作组织之所以谓之“新”是相对于我国 20 世纪五六十年代建立与发展的合作社而言的。在现代市场经济条件下所建立与发展起来的新型农民专业合作组织，与传统的合作经济明显的区别是，以现代西方农村合作经济理论为指导，结合我国的实际建立起来的。因此，所谓新型合作经济组织是指在市场经济条件下，我国农村中的农户及其他农业生产经营者以劳动、资本联合为基础，按照国际通行的合作社原则而建立的农村合作经济组织。

新型农民合作组织主要有3种类型。一是专业协会型。主要是从事专项农产品生产、加工、销售的农民，以产品和技术为纽带建立和发展起来的社团性合作经济组织。这类合作组织一般比较松散，多数是非实体性的，在内部不以盈利为目的，突出服务，互惠互利，是合作经济发展初期的重要形式。二是专业合作社型。即借鉴国际合作经济组织组建的原则和经验，以保护农民利益，增加农民收入为目的组建的经济组织。其突出特征是进退自由、平等持股、自我服务、民主管理、合作经营、自负盈亏。这是农民新型合作经济组织的典型形式；三是股份合作型。即在保持合作制基本特征的基础上，吸收股份制长处而发展起来的一种新型合作经济组织。它的特征是实行劳动联合与资本联合的结合，实行按劳分配与按股分红相结合。新型的农民合作经济组织与过去的合作经济组织有着本质区别，表现如下。

(一)具有较大的经营自主权

新型农民专业合作经济组织是农户按照合作制原则自愿组织起来的。坚持入社自愿，退社自由，自主经营，民主管理，是农户自下而上联合办起来的。这是农民合作经济组织最基本的特征。新型农民合作经济组织，都是在家庭联产承包责任制基础上联合组建的。农户加入合作经济组织后仍然是进行独立核算、自负盈亏的经营主体，农民合作经济组织实行以家庭承包经营为基础的双层经营体制。不是“三级所有，队为基础”，而是以户为基础，农户是经营主体，土地承包关系和对个人财产的处置权不发生改变。

(二)自下而上的经济行为

新型农民专业合作社是按照“民办、民管、民受益”的基础上发展而来的。源自于互助组、初级社、高级社的农业生产合作社是党和政府利用其强大的政治优势发动起来的，是自上而下的经济行为。而新型农民专业合作社是适应社会主义市场经济的要求产生的，并不会改变家庭联产承包责任制的基础地位，不会影响到生产经营自主权和家庭财产所有权。新型农民专业合作社在开展合作互助时，不受政府的行政干预。自下而上创办、发展属于农民自己的合作社，即新型农民专业合作社的运行不是政府主导的行为，而是在市场经济条件下独立的经济行为。

（三）在以家庭经营为主的农业经营体制的基础上产生

我国的传统农村合作组织建立时新中国刚刚建立，既没有像样的现代工业，也没有发达的商品经济。所存在的是土地改革后建立在低生产力水平基础上的小农经济。而新型农民专业合作组织建立之时，我国已经初步建立了较为完善的现代化的国民经济体系，同时商品经济已经有了较大的发展。经过改革，建立在统分结合基础上的家庭经营成为我国主要的农业经营体制，农业生产的商品化、社会化和现代化以及国际化有了较大的发展。

（四）经营形式更加灵活多样

新型农民专业合作经济组织分布广泛，类型多样，特色鲜明。如在合作社组建形式上，不仅有以劳动、产品联合组建的，还有以资本入股和土地经营权入股组建的；在合作社经营内容上，有侧重于农业技术服务的，有侧重于农产品销售的，也有实行产供销一体化经营的；在合作社利益分配关系上，实行服务让利、销售返利、按股分红等各种形式。总的来看，不论采取哪种形式，都为入社农户带来了实惠，增加了收入。

三、新型农民专业合作组织发展现状

农村新型合作经济组织作为继家庭承包经营后我国农民的又一选择，在我国获得了较快的发展。十一届三中全会以来，广大农民群众为了发展生产，自发地选择了承包经营，实现了向我国实际生产力水平下农业生产经营方式的回归，各种合作组织的建立与运行又极大地吸引着越来越多的农户加入和筹建合作组织。而且这一倾向在农村合作经济组织越是发达的地区越明显。20 世纪

90年代中后期,各类合作经济全国出现了较快的发展势头。合作经济的发展最初是在农村经济较为发达的山东等沿海地区发展起来的,当然现在落后地区如安徽、陕西等省的合作事业也得到了加快的发展。农村合作经济已经涉及我国农业生产的各个方面,成为我国农村工作的重要内容,成为我国农业经济的重要组成部分,在社会经济政治等方面发挥了重大的影响。当前我国农村新型合作经济组织发展的总体状况从不同的角度看呈以下几种状况:

(一)从认识度上来看

全社会对新型合作组织的认识程度不高。我国合作经济发展历程短,没有形成深厚的合作文化,而西方合作经济已经历了一个半世纪的发展历程,其合作经济发展的悠久历史逐渐营造了一种深入人心的合作文化。又因为我国历史上的合作经历给农民造成了很大的创伤,使农民"谈合色变",对合作产生了畏惧心理,这是我们发展专业合作组织的主要思想障碍。另一方面,合作社规模小,所产生的效益不明显,农户对合作组织还存在"搭便车"心理和观望心理,参与合作组织的愿望不十分强烈。小农意识影响深重,对合作意识相对淡薄。旧中国没有经历过商品经济的高度发展时期,而建国后我国实行的是消灭商品经济的计划经济。从某种程度上来看,西方国家已经建立起高度发达和完善的市场经济体制,而在中国,大多数的农民还不具备商品意识。还有就是广大农民整体文化教育水平较低且缺少能人,从而不利于合作理念的广泛传播,我国农民大多数没有接受过高中教育,更没有接触过现代企业管理理论,在一定程度上不利于合作经济组织正确决策和发展。

(二)从地区分布来看

发展速度快,地区分布不平衡。20世纪90年代以来,各地农民专业合作社发展势头迅猛,由于新型农民专业合作社对合作经济发展水平和合作组织内部经营管理水平要求都比较高,虽然呈现出比较快的发展趋势,但主要集中在中东部农业合作化程度相对高、合作经济基础好的地方，比如山东、河北、河南、浙江、山西等地。有相当多的新型农民专业合作社在乡镇范围内，但也有一些是跨乡跨县的。而近年来，不同地区间新型农民专业合作经济组织发展的不平衡性日益加大。它不仅表现在经济发达地区与经济落后地区之间的差异，而且表现在同一或相近经济发展水平的地区间的差异。从全国来看，少数地区新型农民专业合作经济组织已经开始成为农村经济发展的主要或重要的组织载体，而绝大多数地区新型农民专业合作经济组织的发展仍然处于萌芽、甚至空白状态。

（三）从服务内容来看

据资料统计，从事信息服务的占将近 80%，从事购买服务的比重相当小，从事销售服务的占 20%左右，从事资金服务的比重不到 10%。可以看出，合作组织的业务内容以技术信息服务为主，主要从事技术信息交流和培训工作。而农民迫切需要的生产资料的购买、农产品销售和农产品加工增值服务，农民专业合作经济组织受自身的经济实力、经营水平和注册环境等多种因素的影响，还无力开展。

（四）从组织形式发展状况看

目前在我国绝大多数地区存在农业协会、专业合作社和股份合作社三种基本农村合作经济组织形式。按区域分，在农业经济比较发达的地区股份合作社发展较快。而经济落后的地区则多以协会为主。按行业划分，农产品加工等对资本要求比较高的行业，股份合作形式居多。而对技术和服务要求较强的养殖等行业则多采取协会形式。而且就发展规模来讲，在整个农村新型合作经济组织体现中合作社发展规模较小，但平均每个合作社社员农户和吸纳的股金较多、带动作用较大、股份合作组织吸纳股金多，但社员农户少、带动作用相对较小。农业协会的发展数量和社员农户都较多但吸纳股金很少、经济关系不密切。

(五)从体制环境上来看

我国与市场经济体制相配套的诸多农业经济制度尚未完全建立,如我国农村土地制度,存在着土地所有权主体模糊,土地使用权凝固封闭等问题,现行的城乡分割的户籍管理制度和劳动就业制度,严重阻碍了农村剩余劳动力的转移和农村城镇化进程,这两项基本制度相互强化,限制着农业的专业化和规模化经营,加大了合作组织创新的阻力。国家对粮棉等大宗农产品实行计划性购销体制,国家长期垄断粮棉购销,也严重制约着农民合作经济组织的创建和发展。

(六)从产业类型看

合作组织的产业分布广,但产业分布不平衡。总体而言我国新型农村合作经济组织已经涉及了农村社会生产和生活的各个领域。但具体分布存在较大差异,在所有合作经济组织中,种养业占最大,几乎占到总数的80%以上。加工业、运输业和食用菌业所占比重比较小。这主要是由于产生新型农业专业合作组织的基础合作组织就是以种植业和养殖业为主的。

四、新型农民专业合作组织发展趋势

(一)"股份化"倾向(内部制度设置的变化)

合作经济组织产生之初其实是弱势农户的联合,共同面对市场,并且越来越多地在市场中发挥作用。在农业产业化发展的过程中,农户的生产规模差异发生变化。有一批"精英人物"凭借自身优势、利用好的机遇发展起来,成为农业生产大户。这些生产大户在规模、实力、眼界胆识等方面都是农户中的佼佼者,在农户中有较大的示范作用和影响力,成为合作经济组织中越来越重要的力量。这些发展变化将导致合作组织向"股份化"方向发展。随着合作经济组织的发展,特别是生产规模的逐渐扩大,对资本的需求也逐渐增加。合作经济组织开始引入股份合作制,即在对资本入股给予固定利息回报的同时，一般还会给予一定的按股分红。合作组织的成员也是股东，对内部成员提供生产服务，对外向消费者销售农产品赚取的利润将全部返还给农产品的提供者成员手中，股东也得到相应的回报。股份合作制的这种分配制度既能够吸引外部生产要素，又能够调动内部经营者和劳动者的积极性，有利于实现资源的优化配置。此处的“股份化”并非指投入资金作为股份的制度设计，而是指中国农村合作经济组织的实际控制权集中到少数股东手中的现象。股份化的表现主要是盈余分配中更重视对资本的报酬。对于一些农民自发建立较多而且受到政府的影响相对较少的合作经济组织，实行“按股分红”对吸引资本更有利。当合作经济组织产生的一体化程度越高、内部的实际控制权越集中在少数大股东手中时，合作组织越容易放弃合作的形式，转而向股份制企业方向发展。少数掌握实际控制权的大股东维护自己拥有的权利、争取更多利益的愿望更强烈，倾向于放弃“一人一票”民主管理的合作制度，变成股份制企业。

(二)形成了“龙头企业＋专业合作社＋农户”的产业化发展模式

专业合作社的规模普遍小，承受市场风险的能力有限，许多专业合作社积极与龙头企业联合和合作，加强利益的联结，逐步形成了“龙头企业＋专业合作社＋农户”的产业化经营链条，既确保了企业原料和货源的稳定性和质量，降低了与分散农户“交易”的成本，又使农户通过返利得到加工或流通领域的增值利益，两者相得益彰。

(三)组织的建立从政府推动为主转向农民自发组建为主

多年来，大多数的农民专业合作经济组织是在政府的大力支持推动下建立的，以至于一些地方并没有考虑到当地农业产业的实际情况，这样组建的农民专业合作经济组织必定是只有组织形式，而无组织的实质内容，不能真正发挥带动社员、服务社员的作用。农民专业合作经济组织的组建和发展应该是一个诱导性制度变迁，而非强制性的制度变迁。随着自上而下各级政府认识的提高，越来越倡导以人为本，在农民专业合作经济组织的组建中尊重农民的自我选择。随着国家法律政策的实施、优惠政策的落实，以及一些热心合作组织的社会工作者的努力，越来越多的农民认识到组织起来的益处，农民自我组建专业合作组织将是一个大的趋势。

（四）规模的扩大：横向一体化

"横向一体化"是指合作经济组织的规模扩大。扩大的形式主要有3种：①吸收更多的农户进入合作经济组织；②几个合作经济组织通过某种协议关系建立联合会，进行共同经营，但仍各自保持组织结构的独立性；③几个合作经济组织直接合并，或规模小的合作经济组织并入规模大的合作经济组织中。由于合作经济组织大多数采用开放成员的制度，所以用第一种形式扩大规模的成本较低，也比较常见。

第二章　农民专业合作经济组织基本理论

农民专业合作社是农民专业合作经济组织的主要组织类型之一。本章主要介绍农民专业合作经济组织的基本理论。首先对农民专业合作经济组织的相关概念进行界定,并对其类型与特征进行描述。在此基础上,阐述农民专业合作经济组织对于农村经济发展的作用。最后进一步对其与农村集体经济组织、企业等相似组织之间的关系进行比较分析。

第一节　基本概念、类型与特征

一、基本概念

农民专业合作经济组织涉及的概念很多,因此有必要对以下相关概念进行界定。

(一)农　民

对农民专业合作经济组织来说,“农民”是必须界定的核心概念之一。因为,在《农民专业合作社法》中强调,农民专业合作社应遵循的首要原则就是“成员以农民为主体”,并且,为了体现农民主体性,该法第十五条明确规定:“农民专业合作社成员中,农民至少应当占成员总数的百分之八十”。

在现代汉语词典中,“农民”被定义为长时期从事农业生产的人,但是随着经济的发展与分工的多样性,“农民”的定义已经非常复杂,目前不仅有经营小块土地的传统农民,也有经营较多土地的专业农民;不仅有亦工亦农、亦商亦农的兼业农民,也有专门务工经商当工人和商人的农民;不仅有搞个体工商业、拥有少量资产和雇员的农民，也有办大中型工厂和商场、拥有大量资产和雇员的农民；不仅有受雇于企业和其他经济组织、靠工资收入为生的农民，也有搞资本经营当老板的农民；不仅有住在村庄里当村民的农民，也有住在城里当市民的农民等。除此，伴随着户籍制度改革的深化，城乡一体化的居民户籍制度的不断发展，显然农民身份界定变得更加困难。

鉴于以上原因，目前不再以户籍来界定农民的身份，而从职业的角度进行界定，即从事种植业、养殖业和直接为种植业、养殖业进行产前、产后服务，从事农业生产、经营的劳动者，都被视为农民。

（二）合作组织

1. 合作 合作（cooperation）一词源于拉丁文，含义是人们或组织为了共同的目的一起工作或共同完成一项任务，诸如分工合作、技术合作等。它与单干的根本区别在于参与主体的多元性和行为目标的一致性。当然任何的合作都需要合理的机制，才能发挥更好的效益，而不是人员之间的简单组合。

2. 组织 目前国内外对组织的定义多种多样，由于研究角度的不同，定义的内容也有所不同。本书中的组织是人们为了实现整体和个体的愿望或目标，而由人组合而成的有机系统，并且该组织为正式组织，兼有互利、营利的双重性质，并且是一种出于自愿目的而组建的自治组织。

本书中所指的组织与合作之间存在密切的联系，通过人们的合作动机、合作过程，产生合作体系，而这一合作体系即为合作组织。

（三）农民专业合作经济组织

“农民专业合作经济组织”是我国特有的概念，是在我国改革开放后出现的。近几年来与之相近的称谓有农村专业合作组织、农产品行业协会、农产品专业合作组织和农民专业合作组织等多种，其中农民专业合作经济组织是目前比较常用的用语。农民专业合作经济组织与农业市场化和专业化程度紧密相关，主要分布在蔬菜、水果、家禽、水产等商品率高的行业，与当地农业的主导产业呈现高度的相关性，主要在村镇范围内组建和运行，以提供技术信息和技术服务为主。

就农民专业合作经济组织定义而言，是指以家庭承包经营为基础，以农民（包括渔民、牧民）为主要成员，围绕某个专业或产品组织起来的，在技术、资金、采购、销售、加工、储运、开发等环节开展互助合作的经济和技术组织，是农民自我服务、自我发展和自我保护的一种行之有效的组织形式。主要包括农民专业合作社与专业协会两种形式。

（四）农民专业合作社

国外对农民合作社的阐述主要包括以下几种：国际合作社联盟在 1995 年的《关于合作社界定的声明》中对合作社的定义为“合作社是自愿联合起来的人们通过联合所有与民主控制的企业来满足他们共同的经济、社会和文化的需要和理想的自治联合体”；美国农业合作社被界定为实行生产联合、民主管理和平等合作的集体组织，也被界定为用户所有、用户控制和用户受益的公司型企业；日本则把农协（农业合作社）定义为农户在互相帮助的精神的指导下，以提高大家的农业经营和生活水平为目的，为从事合作的事业和活动而兴办的组织。由此可以看出，目前国外较多的将农业领域的合作社认为是一种企业，并按照企业的经营管理模式来组织合作社的运营。

本书中“农民专业合作社”的概念采用我国 2007 年《农民专业合作社法》中的定义，即：“农民专业合作社是在农村家庭承包经营基础上，同类农产品的生产经营者或者同类农业生产经营服务的提供者、利用者、自愿联合、民主管理的互助性经济组织”。农民专业合作社与以公司为代表的企业法人一样，是独立的市场经济主体,具有法人资格,享有生产经营自主权,受法律保护,任何单位和个人都不得侵犯其合法权益。

(五)农民专业协会

在我国,协会属于社会团体的一类,应按照《社会团体登记管理条例》的规定到民政部门登记为社会团体法人。根据1994年农业部和中国科协曾联合出台《关于加强对农民专业协会指导和扶持工作的通知》中关于农民专业协会的定义,即:"农民专业协会是指由农民自愿、自发组织起来,以增加社员收入为目的,在农户经营基础上,实行资金、技术、生产、供销等互助合作的民办技术经济合作组织"。

二、农民专业合作经济组织的类型

随着农民专业合作经济组织发展速度的加快,组织类型呈现出多样化的态势,大体可以从以下几个角度进行分类。

1. 从组织的产业分布角度　可将其划分为种植业专业合作经济组织(如粮食、蔬菜、中药材等专业合作经济组织)、养殖业专业合作经济组织(如畜牧业、特种养殖业等专业合作经济组织)、加工业专业合作经济组织(如仓储业、加工业等专业合作经济组织)、运输业专业合作经济组织、供销服务业专业合作经济组织5种类型。

2. 从组织的功能角度　可分为生产型、采购型、销售型、加工型、(技术)服务型、综合型等6种基本类型。

3. 从组织创办者与政府关系的角度　可分为自办型、官办型以及官民结合型等3种基本类型。

4. 从组织创办主体角度　可分为:①能人牵头型,即由头脑灵活、懂技术、会经营管理,从事种养、运销、经营的能人或专业大户牵头或联合兴办;②龙头企业带动型,即由农产品生产、加工、流通等龙头企业带动农户兴办;③农服部门兴办型,即由县(市、区)、乡镇技术服务部门或供销社等引导农民兴办或者联合兴办；④政府发起型。

5. 从组织的合作程度和运行机制角度 可以划分为三种类型。

(1)专业合作社 专业合作社是一种管理比较规范与社员联系比较紧密的合作经济组织形式。专业合作社多数在工商管理部门登记为企业法人，目前主要分布在农产品加工企业多的东部地区。专业合作社主要特点是与农产品加工企业相连接，作为企业的原料生产基地，形成“公司＋专业合作社＋农户”的农业产业化经营模式，实现了产、加、销一体化。社员一般交纳一定数量的股金，只吸纳身份股，年底按银行存款利率进行股金分红，并按照为社员销售的产品数量返还利润。

(2)股份合作社 股份合作社是股份制与合作制的结合。由企业、农技推广单位、基层供销社等出资作为股东，再吸收少量的社员股金组建成股份合作社。股份合作社多数有自己的企业，在工商管理部门登记为企业法人。目前，大多数股份合作社是按保护价收购农产品，按月结算，年底按股金分红。少部分股份合作社除按股金分红外，年底按交易量进行利润返还。

(3)专业协会 专业协会包括协会和研究会，是一种比较松散的合作经济组织形式。多数专业协会在民政部门登记，注册为社团组织。专业协会每年向社员收取一定数量的会费，以提供技术、信息、运销服务为主。由于社团组织受到经营范围的限制，一些专业协会成立了销售公司，收购社员的农产品，统一运到外地销售。大多数专业协会不直接为社员销售产品，没有销售收入，因此没有利润分配。

实际上，我国农民专业合作经济组织的主要组织类型是专业合作社和专业协会两大类。在一定意义上，股份合作社可归为合作社范畴，只是一种相对偏于股份制的专业合作社。

我国农民专业协会，数量众多，形式多样，性质复杂。是我国农村改革开放以来最早出现的在农民自愿基础上建立的专业服务组织。最初它主要开展农业技术推广和技术服务，是农村技术推广组织的制度创新，并不是真正意义上的合作经济组织，但随着其自身实力的不断增强，也逐渐涉及其他产前、产后服务，技术经济合作色彩浓重，现在大多数情况下人们都习惯将它归于专业协会一类。在我国农业和农村发展的现实中，一部分专业协会实际上是农产品行业协会，其职能主要是行业内部的组织、协调、服务和监督，也即“行业自主协调”，属于社团性质；还有一部分仅仅进行一些信息交流、科技传播等非经营性活动，也属于民间社团；而大多数则是基本或初步具备合作社本质规定性的、具有议价合作社（或称讨价还价合作社）特点的“准合作社”。图 2-1 显示了农民合作组织的分类。

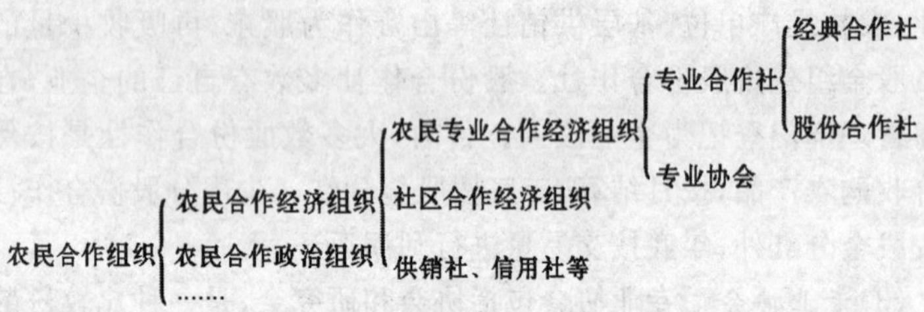

图 2-1　农民合作组织分类

三、特　征

无论农民专业合作经济组织以何种名称、何种形式出现，都存在民办性、专业性、开放性、灵活性与合作性的特征，同时在其发展过程中也体现出以下的特点。

(一)注重农民主体

农民专业合作经济组织由农民自愿组成，从提供信息、种子种苗、技术辅导入手,逐步扩大服务领域,积极为农民提供加工、贮运、销售和原材料采购等社会化服务。合作组织尊重农民群众的意愿,坚持农民自主原则,实行加入自愿、退出自由。农民参加合作组织并不改变他们现有的土地承包关系,不改变生产资料的产权关系,不对他们发展自营经济产生任何限制。合作组织内部成员实行分散生产,对外统一经营,体现出分工合作的特点。充分体现了农民合作组织注重以农民为主体的原则。

(二)坚持家庭承包经营

农民专业合作经济组织是在坚持家庭承包经营责任制的基础上建立和发展起来的,顺应中国农业生产的专业化、商品化、社会化和市场化趋向改革的不断深化而发展的。家庭承包经营是中国农村的一项基本经济制度,是农民专业合作经济组织建立和发展的制度基础。在发展农民专业合作经济组织的实践中坚持以依法享有家庭承包经营权的农民为主体,由农民完全自愿自主地参加劳动合作、技术合作、营销合作和资本合作,坚持家庭承包经营的基础地位,不改变农户的土地承包经营权和农民的财产所有权,不改变农民最敏感的土地承包关系。为充实和完善双层经营体制"统"的层次,增添了新的功能。

(三)依托农业产业化

农业产业化是社会主义市场经济发展的产物,是把分散的以家庭为主要生产方式的农民组织起来,实现规模生产,把农产品的生产、加工、流通有机结合起来,使农民可以分享农产品的工业和商业利润。其目的是解决单个农户生产与大市场的矛盾,解决农民单纯农业生产收入低的问题,解决农业发展的出路问题。各地在实施农业产业化过程中,通过实践探索找到了一条通过建立农民自己的合作组织,从小到大,从点到面,从服务入手,逐步推进农业产业化发展的路子。这表明,推进农业产业化发展离不开农民专业合作经济组织的建立和发展,农民专业合作经济组织已成为农业产业化发展的有效组织载体。农民专业合作经济组织正是在各地推进农业产业化进程中,逐步由较低层次、初级形态的合作向高层次、高级形态的合作发展。在中国一部分率先实施农业产业化的地区,如山东、北京、河北、浙江、四川等地,农民专业合作经济组织发展出现了速度加快、实力增强的态势。

(四)依靠中央和地方各级政府

一直以来,党中央、国务院对农民专业合作经济组织发展给予高度重视,制定了一系列推动农民专业合作经济组织发展的政策措施。如国家农业部、财政部设立专项资金,支持扶持专业合作经济组织试点示范工作等。一些地方党委和政府也专门制定了鼓励和推动农民专业合作经济组织发展的政策意见,在财政、信贷、税收、建设用地、用电、注册登记等方面明确了扶持措施。各级农业行政主管部门认真做好示范项目建设工作,发挥示范效应,以点带面。不少地方政府一手抓发展,一手抓指导,推动农民专业合作经济组织规范发展。

(五)拓宽组织形式与领域

农民专业合作经济组织发展在形式上呈现出多样化并存的格局:既有农民以入股形式开展紧密的合作,又有农民以入会形式开展松散的合作;既有农民开展单项的技术、信息合作服务,又有农民开展的产加销、贸工农一体化的综合经济贸易合作服务;既有农民在本地、本所有制范围内开展的合作与联合,又有农民跨地域、跨所有制开展的合作与联合;既有农民自办的专业合作组织,又有官办和官民合办的专业合作组织;既有社员与社员之间的合作,又有合作组织与合作组织之间、合作组织与公司之间的合作,很多地区呈现出更加强劲的发展势态,很有生气和活力。

从总体上看,农民专业合作经济组织涉及的领域已从单纯的生产领域,扩大到产前和产后所有的领域;从原来的第一产业,扩大到第二、第三产业;从少数行业扩大到多个行业。具体而言,农民专业合作经济组织涉及果蔬、畜牧、水产、林业、农机服务、运输、水利建设、资源开发、手工业品生产等领域和行业；涉及技术、信息、资金、购销、加工、贮藏等环节。从各地情况看，农民专业合作经济组织在以种养业为主的同时，在大中型农业机械共同利用、小型农田水利基础设施建设以及农村资源开发等方面逐步增多；农民专业合作经济组织所从事的业务领域由单纯的以农产品技术推广、交流、信息服务等咨询性业务为主逐步涉猎农产品加工、销售、贮藏等经营性业务。

第二节　任务、功能与发展意义

近年来，在中央和地方政府的引导和支持下，农民专业合作经济组织在延伸农业产业链条、提升农产品附加值、降低农业市场风险、促进农民增收等方面的带动作用明显增强，已经成为推进现代农业发展的一支生力军。

一、任　务

农民专业合作经济组织本着“以服务会员为己任，维护会员的合法权益；沟通会员与政府、会员与市场、会员与会员的联系，促进信息交流、资源共享、相互合作，提升会员实力，增加会员收入”的宗旨，必须明确自身任务为其社员服务。

（一）提供社员需要的一般服务

农民专业合作经济组织以服务会员为己任，主要通过统一组织采购、供应社员需要的种子种苗、生产原料和农用物资等农业投入品，开展社员需要的运输、储藏、保鲜、加工等服务；统一制定并组织社员实施产品生产质量标准，组织开展社员生产经营中的技术指导、咨询、培训和交流等活动，向社员提供生产技术和经营信息等资料；组织销售社员的产品，对外参加农产品交易会、博览会；

为会员开展资金互助、金融贷款等提供服务来帮助农民进入大市场等等，为社员提供必要的服务，满足社员的需求。

(二)增进农户与政府、农户与农户的联系

农民合作组织应积极征求会员的意见与建议，并及时向政府及职能部门反映会员意见、建议和要求，发挥桥梁纽带作用。组织农户与农户之间开展交流与合作，促进产业整合、资源共享、发扬互助协作精神，推动产、加、销产业链条的有序形成。逐步增进农户与政府、农户与农户之间的联系。

(三)加强组织内部的管理

农民专业合作经济组织内部要设有成员大会或成员代表大会、理事会、监事会等。围绕成员的生产和销售从事经营活动，要通过完善内部管理、监督和激励制度，来提高效益和避免风险。除此可以通过开展合作组织自律管理，建立自律机制，倡导守法经营，开展诚信服务，维护合作组织良好的社会形象。

(四)创新产品、技术与服务

农民专业合作经济组织有责任和义务对产品和服务进行创新。如统一注册商标、产品包装、广告发布和市场开拓；统一建设标准化示范基地，开发、引进、试验和推广新品种、新技术、新设备、新成果；统一申报、认证认定无公害农产品基地、无公害农产品、绿色食品、有机食品和著名商标、知名商号及地方名牌，提升产业和品牌；统一申报各种科研、示范、开发项目等等不断进行改革与创新，提升农民专业合作经济组织的竞争地位。

由上述描述可以看出，农民专业合作经济组织的任务非常繁重与复杂，它对维护社员的合法权益，提升农民(农户)的素质、创新产品、改善技术都有着不可或缺的作用，因此农民专业合作经济组织在发展过程中一定要注重完成任务，并不断提升自身的知名度，树立良好的社会形象。

二、功　能

农民专业合作经济组织作为一个服务于农业、农村和农民的组织联合体,其功能的重要性是不容忽视的。它在组织、服务、中介、协调方面都具有十分重要的功能。

(一)组织功能

农民专业合作经济组织的组织功能十分明显,一是按照国家产业政策,组织成员进行生产与销售,促使农业生产由行政管理过渡到由合作经济组织协调管理;二是根据国家产业规划以及市场信息,组织和协调农户进行专业生产;三是根据市场需求和农民意愿,建立多种合作组织参与市场竞争;四是随着经济的不断发展,通过各类合作经济组织,可以直接组织农业劳动力有序地流转到第二、第三产业,逐步实现农业规模经营,有利于提高农业产业化经营水平。

(二)服务功能

服务性是农民专业合作经济组织的一个重要特性,因此,服务功能是农民专业合作经济组织的基本功能之一。农民专业合作经济组织作为一种服务性的组织,能够通过自我管理谋求自我发展,进而服务于政府、农户和市场。

1. 服务政府 农民专业合作经济组织可以在一定程度上分担政府的某些职能。一方面,既是政府职能转变的产物,又是政府职能转变的载体;另一方面使政府从繁杂微观管理中脱离出来,集中精力抓好宏观管理,提高宏观管理质量。农民专业合作经济组织成为政府在管理社会公共事物方面的得力助手。

2. 服务农户 由于农民专业合作经济组织的根扎在农民中,向农户提供产前、产中、产后有效服务,使农户能够便利进入大市场,为农户减少市场风险和交易成本。因此它对农户的服务最直接、最具体,从而成为农业社会化服务体系中不可取代的重要组成部分，成为维系农业产业化链条各环节得以稳固相连并延伸的生命线。

3. 服务市场 农民专业合作经济组织为市场提供服务，促进市场经济发展。首先，经济发展离不开教育、医疗、福利、文化等农民专业合作经济组织提供的公共物品，从而为市场经济的发展提供生机和活力。其次，农民专业合作经济组织作为第三产业的重要组成部分，在吸纳劳动者就业方面起着举足轻重的作用。农民专业合作经济组织的扩大能够消化其他部门的剩余劳动力。最后，营利性使企业倾向于采取投机行为，导致企业服务数量和质量达不到契约所规定的标准，出现"契约失灵"的现象。农民专业合作经济组织在法律的约束下，没有动力采取投机行为，在很大程度上能够弥补市场中的问题。

(三)中介功能

农民专业合作经济组织是处于政府和企业之间的中介性组织，是沟通政府和农户的有效桥梁。农民专业合作经济组织是联系政府和农户的重要媒介。一方面，一部分农民专业合作经济组织作为经营决策的参谋咨询机构，能联合本行业的力量，使本行业的要求、意愿及时地反映到政府，既能使农户加强沟通，为自身管理提供服务，又能供政府制定政策、方针作参考。另一方面，政府通过农民专业合作经济组织履行对农户的管理和指导职能，可以减少政府直接面对的农户数量。农民专业合作经济组织能够协助政府宣传、指导、监督农户更好地遵守、贯彻国家的方针、政策和法规等，是协助政府管理农户的得力助手。

(四)协调功能

在市场经济体制不完善的背景下，人民内部矛盾不可避免地存在，部分群众对政府出现不满情绪，农民专业合作经济组织通过"小团体"的优势，能够起到协调与稳定社会的作用。

农民专业合作经济组织能够通过"小团体"的优势共同协调解

决，以尽可能地满足不同利益需求，消解人民内部的矛盾。不仅如此，农民专业合作经济组织还能从群众的互助互济出发，激起人们的爱心，在相互理解基础上，增强群众的凝聚力，从而有利于组织内部的和谐与稳定。

农民专业合作经济组织通过形成"参与社会"，缓解人民群众和政府之间的矛盾。农民专业合作经济组织能够增强人民对自己基本权利的意识，鼓励群众维护自己的合法权益，对政府的决策进行监督和评估，促进民主政治的形成。此外，组织能够与政府密切合作，参与解决社会问题，在缓和整个社会、人与自然矛盾的基础上，进一步消解人民与政府之间的矛盾。

三、意　义

农民专业合作经济组织的兴起和发展，是市场经济条件下农村微观组织的再造和创新，是农民实践中的伟大创造，其在发展现代农业、改善政府管理以及破解"三农"问题等方面，都发挥着至关重要的作用。

（一）发展农民专业合作经济组织是发展现代农业的必然趋势

随着人类社会的文明进步，特别是科学技术和市场经济的发展，农业也进入了一个与之相适应的新的发展阶段，逐步由自然农业、传统农业向现代农业迈进。这是农业发展的总趋势和总方向，是不以人的意志为转移的。发展现代农业既是社会发展的必然趋势，也是社会主义现代化建设的重要内容。改革开放以来，党中央把发展现代农业放到了重中之重的位置，出台了一系列惠农支农的政策和举措，有力地促进了我国农业向现代农业的转变和发展。现代农业的发展催生了农民专业合作经济组织的发展，农民专业合作经济组织的发展又对现代农业起到了积极的促进作用。可以说，现代农业是农民专业合作经济组织的孵化器，农民专业合作经济组织是现代农业发展的助推器。现代农业是以生产的科学化、标准化、专业化、规模化发展为基础的，农民专业合作经济组织符合这一要求，具备这一特征。因此，从这个意义讲，发展农民专业合作经济组织是现代农业的必然要求。要加速推进现代农业的发展，就必须加快农民专业合作经济组织的建设步伐。

(二)发展农民专业合作经济组织是改善政府对农业管理的有效方式

农民合作组织的兴起与发展，是市场经济环境下农村微观经济组织的再造和创新，它不仅架起了联结农民与市场的桥梁，也架起了联结政府与农民的桥梁。

一方面，政府可以通过合作组织这一中介来引导农民，把国家的产业政策和措施落到实处，减少农民的盲目性与无序性，另一方面，农民专业合作经济组织，可以把自己的愿望和要求，及时反映给政府，并及时得到由政府发布的真实可靠的农业产销、科技和政策等信息，从而大大提高政府对农业与农村经济调控的针对性和实效性。

(三)发展农民专业合作经济组织是破解“三农”问题的重要途径

在农村多种组织资源中，农民专业合作经济组织是最贴近农民的组织资源之一。它在提高农民的组织化程度、促进农业结构调整、健全农村经营体制、降低市场风险等方面的作用越来越大，已经成为破解“三农”问题的重要途径，具体表现在以下方面：

1. 提高农民组织化程度，促进农业产业化经营 农业生产分散、规模化程度低、农民进入市场的成本高，是农业综合效益低下的主要原因。发展农民专业合作经济组织，把农民组织起来，既发挥家庭经营的灵活性，又弥补了村级组织服务功能弱化的不足，作为“公司＋专业合作组织＋农户”农业产业化经营链条的中间环节，通过资金、技术、购销、储运、加工等环节联合，既维护了农民的利益，又减少了企业与单个农民交易的成本，使一家一户小生产与千变万化的大市场有效对接，也避免了市场波动给农民造成的经济损失，从而有效地提高了农民的组织化程度，促进农业产业化经营。

2. 促进农业结构调整，增加农民收入　农民专业合作经济组织的建立，适应了市场经济要求，能够打破所有制、区域和行业界限，为专业生产的发展提供各种有效服务，实现生产要素在更大范围、更宽领域的流动重组，解决产业发展中的各种矛盾和问题，有利于农业经济结构的调整和优化，做大做强区域主导产业，提高产业竞争优势，形成新的经济增长点。农民专业合作经济组织通过提供信息、技术、加工、营销等方面的服务，及时指导农民调整农业结构；并改变粗放经营方式，提高科技含量，发展“优、新、特”品种，促进农业产业结构调整，增加农民收入。

3. 健全农村经营体制，完善农村服务体系　农民专业合作经济组织在不削弱农民独立自主经营地位，不影响农民生产积极性的前提下，通过发展农民的劳动联合和资本联合，把农民组织起来，解决了集体经营在组织建设上比较薄弱的问题，真正做到了有统有分，统分结合。显然，专业合作组织的发展，不仅大大降低了农户的经营成本，促进了农业社会化服务体系的建设，而且是一项重要的制度创新，进一步完善了家庭分散经营和集体统一经营的双层经营体制。

4. 积极开展农产品流通，减少市场风险和交易费用　分散经营的农户不可能直接进入大市场销售农产品，也不可能直接加入大公司的经营序列作为中介组织的农民专业合作经济组织，使农户与市场、农户与公司对接起来。由于我国的农户高度分散且经营规模小、信息闭塞、理性也有限，而购买商往往是组织化程度较高、经济实力较强的组织，二者的实力和地位相差悬殊。这就使农户与购买商进行交易时谈判地位不对称，往往使农民被动地接受交易条件，经济利益受损。然而如果农民通过自己的“专业合作组织”作为中介，不仅可以“拼车”、“搭车”降低交易费用，还可以扩大实力，提高谈判地位，增强讨价还价的能力，更能按订单进行生产，从而有效地抵御市场风险。农民专业合作经济组织将不同利益主体的资金、技术、劳动力、土地等生产要素整合在一起，形成规模和品牌优势，可以从整体上提升农业的市场竞争力；发挥合作组织的优势和整体实力，能够不断扩大市场份额，有利于规避市场风险，维护农民利益。

第三节　农村相关组织类型之间的关系

在通常情况下人们易混淆的农民专业合作经济组织、合作社与农村集体经济组织、企业、民间社团组织等之间的关系，因此有必要对这些组织与其进行比较分析。

一、农民专业合作经济组织与农村集体经济组织的关系

农民专业合作经济组织是农民自发的组织，是农民自己的组织，可以自由加入或退出。而农村集体经济组织是建立在户口基础上的，只要有了本村户口，就自然地成为了其成员。对于农村集体经济组织，它是以土地公有为基础的地区性合作经济组织，具有社区封闭性与组织成员身份的“天赋性”特点，社员没有入退社自由，也不缴纳入社股金，不能进行破产和清算，并且作为“政社合一”的复合体，还兼有兴建社区公共设施，维护社区稳定等社区自治职能。在制度背景、组织规范和制度安排上与20世纪五六十年代的合作化运动所形成的集体经济组织有着广泛的联系，发展为相互依托的良性依存关系，但是也存在根本的区别。

1. 产生背景与发起主体不同　农民专业合作经济组织是在市场经济体制下农民根据自身经济需要自愿联合而成的，为了维

护每一位成员的利益，而集体经济组织是政府在计划经济为了使生产资料所有制向公有制过渡的情况下提出的以集体所有制为基础的经济组织。

2. 覆盖范围不同 村集体经济组织是社区性的，与村民委员会所管辖范围是一致的，农民专业合作经济组织可以跨县跨乡跨村，不受行政区域限制。

3. 所有权不同 农民专业合作经济组织在保留个人生产资料所有权的前提下，实行成员对生产资料的共同占有，并承认个人资产的收益权；而集体经济组织是在取消其成员的生产资料个人所有权的前提下，实行对生产资料的共同占有，它否认个人资产的所有权。

4. 经营方式不同 集体经济组织实行以土地家庭承包为基础的统分结合的经营方式；农民专业合作经济组织是在约定的项目、范围、程度内实行统一经营，结成的利益共同体。

5. 分配方式不同 农民专业合作经济组织是以社员劳动联合为基础的生产要素组合方式，社员凭其入股金额和与合作社的惠顾交易量获得盈余返还；而传统的集体经济则是以社区为基础，成员与集体不是惠顾交易关系，而是按成员完成的工作量评工记分，实行平均化分配。

6. 组织原则不同 农民专业合作经济组织具有开放性，加入自愿，退出自由，任何成员都有退出组织的权利。而集体经济组织则是以一定的社区为基础，“参加者”应是该社区的自然人并与土地或其他生产资料集体共有相联系，自然而然地成为成员，不具有自主选择权。

7. 内部治理结构不同 农民专业合作经济组织由成员民主管理。成员拥有民主选举、民主决策和民主监督的权利，以及为实现这些权利所必需的知情权，包括要求合作社财务状况向社员公开并接受社员大会审议的权利。社员选举产生的机构和人员要对社员负责。而集体所有制企业内部实际存在的是自上而下的行政控制，即使改革开放以来有关法规规定了集体企业要实行民主管理，事实上也往往流于形式，甚至连形式都没有，例如绝大多数集体企业的领导人至今还是由各种各样的“上级”任免的，因此，他们要保住自己的位置，首先得对任免他们的“上级”负责。

总之，合作组织和集体经济组织的生存环境不同。合作组织是市场经济的产物，是市场竞争中利益易受损害的人们自愿联合起来维护他们权益的独立的自助的经济组织。合作经济是根据组成及运行方式而界定的经济形式，是农民走向市场的桥梁，是独立的市场主体。而集体所有制是计划经济的产物，是根据产权的所有形式而界定的经济形式，它指生产资料和经营性财产归集体所有。目的是消灭个体经济和私有经济，要割断农民与市场的联系，是政府机构的附属物。因此，农民专业合作经济组织与集体经济组织存在很大区别。

二、农民专业合作社与企业的关系

（一）农民专业合作社与股份制企业的关系

1. 所有权形式不同 农民专业合作社主体是社员，体现以人为本的宗旨，劳动在组织中占主导地位。公司企业是资本的联合，因而具有典型的资合性，体现以资为本的原则，遵循资本控制的原则，资本在组织中处于主导地位。一般来说，合作组织的成员既是资产所有者，又是服务对象（劳动者），实现了资本与劳动的直接结合。而在股份制企业中，资本是主体，资本与雇佣劳动的对立依然存在。股份制是资本所有者的联合，是资本的集中，是私人资本通过联合转化为社会资本的一种方式，而且股票持有者并不一定从事企业的生产经营。

2. 宗旨不同 农民专业合作社对社员不以营利为目的，合作社的企业以谋求、维护和改善成员利益为目的，对外经营也是为了社员的利益。社员的需要是农民专业合作经济组织存在的主要目的，社员不仅有经济需要，也有社会、文化需要。而股份制企业则追求投资者的资本收益最大化为宗旨，并将获取的利润按股分配给股东。

3. 管理方式不同　农民专业合作社实行社员民主控制，成员是以平等的身份参与合作社的决策与经营，不论每一个社员拥有多少股份，都拥有一票权利。合作社虽然也引入资本权利，但受到比较严格的限制，一般不允许非成员持股，股份通常也不能转让。而股份制企业可以差别持股，也没有限制，而且股东基本上不是本企业的使用者。企业成员是以平等的身份参与企业的决策与经营。而股份制企业实行一股一票制。由于股票可以买卖，因而大股东可以通过购买股票掌握企业股份控制额，从而左右企业的经营决策，股东之间是不平等。

4. 分配方式不同　专业合作社分红的实质是以股金的多少来分配劳动者创造的劳动剩余，也就是按劳分配和按交易额分配。交易额实际上就是社员独立自主从事生产劳动的产品或被加工品、消费品的价值量，就是社员劳动量的表现，交易额是劳动量的尺度。而股份制企业股份分红的实质是投资者分割劳动者创造的价值，它实行按股分红，分配完全取决于股份份额的多少。

5. 注册条件不同　对农民专业合作社人数的规定，为 5 人以上，没有上限；公司人数限制在 50 人以下。

(二)农民专业合作社与独资企业的区别

1. 所有权形式不同　前者是社员所有的企业，其主体是社员。而独资企业的主体是投资者，而且仅限于一个自然人，投资主体是单一的。

2. 法律地位不同　农民专业合作社一般都是法人企业，它拥有独立于成员的财产，并对自己的行为承担全部责任。而我国个人独资企业在法律上被称为自然人企业，不具有法人资格。

3. 财产所有权不同 农民专业合作社的社员仅对自己投入企业的财产享有所有权，而且不能任意支配与转让，而独资企业的业主完全拥有企业财产，不仅对企业财产享有所有权，而且可以直接支配并自主决定如何使用财产。

4. 管理机构不同 农民专业合作社一般设成员大会、理事会、监事会等管理机构。而独资企业业主的所有权与管理权是完全同一的。

5. 责任方式不同 农民专业合作社成员以其所持股份对外承担有限责任，合作社以全部资产为限承担责任。而独资企业的投资者以其个人财产对企业经营的一切风险及债务承担无限责任。

(三)农民专业合作社与合伙企业的区别

第一，从人数来看，农民专业合作社的人数一般为5人以上；而合伙企业有两个以上的合伙人便可组成合伙企业。

第二，从企业存在的依据来看，农民专业合作社是以成员大会批准的章程为依据，章程具有约束力；而合伙企业是按照合伙人在自愿、平等基础上签订的协议而成立的。

第三，从责任形式来看，农民专业合作社的成员以其出资额为限，对合作社承担有限责任，即使资不抵债，债务清偿也不涉及成员的个人财产；而合伙企业的各合伙人对企业债务承担无限连带责任，当债务额多于合伙财产时，合伙成员就得以个人财产承担清偿责任。

第四，从企业的终止来看，农民专业合作社不会因某一个成员的加入或退出，影响其存续与终止；而合伙企业的存亡则取决于所有合伙人的去留、死亡，如果其中一个合伙人退出或死亡，企业就必须解散，重新建立合伙关系。

三、农民专业合作经济组织与民间社团组织的关系

民间社团组织是指农村中向广大村民提供各种社会服务以及社会保障的组织，比如老年协会、妇代会、果树研究会、治保会、调解会、老年学校、庙会、能人会、基金会等。虽然其数量在农村不占多数，但是它们对农村社会发展不可忽视。其主要作用表现在：其一、提供公共产品。比如社会管理、社会治安、计划生育、农业基础科研、农村环保、卫生、义务教育和社会救济等，还包括江河治理、防洪防涝设施建设、水库及灌溉工程、村路建设、电网建设、医疗、社会保险、科技成果推广、职业教育等村内公共管理。其二、促进村民自治。农村社会性社团组织除了为经济和社会生活提供服务外，还对农村政治生活产生一定影响。

农民专业合作经济组织与民间社团组织的相同之处是对内都不以盈利为目的。农民专业合作经济组织与民间社团组织也存在一定的区别。

第一，性质不同。民间社团组织是社会团体，不承担经济责任，合作组织在成员内部进行生产经营活动承担一定的经济责任。

第二，目的不同。一般群众性社团组织对内对外都不追求盈利，合作组织是一个经济组织，从事经济活动，在成员内部开展经营活动，对外是要讲效益、追求盈利。

四、农民专业合作社与协会的区别

第一，性质不同。农民专业合作社是企业法人，在工商部门登记，它是企业，是经济实体，可以直接与成员签订购销合同，为成员提供生产资料和技术服务，收购农副产品，搞加工、运输、销售服务；协会是社团法人，在民政部门注册登记，不能搞经济实体，主要是为成员提供生产、技术、营销方面的信息和技术服务，如果要收

购农产品搞加工、销售业务，则应向工商部门申请注册登记。

第二，参加者人数限定不同。农民专业合作社的参加者为个体农民，一般为 5 人以上；协会的参加者为个体会员，一般为 50 人以上。

第三，农民专业合作社的职责是为成员提供生产经营的实际业务服务；协会的职责主要是协调和自律。

第四，农民专业合作社要坚持入社自愿、退社自由、民主控制、盈余返还各项原则；协会则没有盈余返还等原则。

第五，农民专业合作社是一个紧密联系的经济实体；而协会则是一个比较松散的社团组织。

第六，农民专业合作社是个企业，是要追求经济利益的，只是对内不赚社员的钱；而协会是非营利组织，一般不搞经营活动，服务时只收取代理费，对成员也没有盈余返还的问题。

五、农民专业合作社与农村经纪人的区别

第一，农村经纪人的服务对象是农产品供需双方；而农民专业合作社服务对象是本社成员。

第二，农村经纪人开展服务的目的是通过中介服务收取一定金额的中介服务费；而农民专业合作社目的是为成员提供服务，改善成员生产生活条件，增加成员收入，对内不以营利为目的。

第三，农村经纪人开展经纪业务范围广泛，涵盖农业生产资料，农作物良种，农业科技、信息、保险及各种农副产品的交易；而农民专业合作社经营范围则比较专业化。

第四，农村经纪人一般是个体农民，是个自然人；而农民专业合作社是一个经济组织，具有法人资格。

通过以上农民专业合作经济组织、合作社与农村集体经济组织、企业、社区合作组织、民间社团组织等的比较，明确了农民专业合作社的法律属性。农民专业合作社是一种特殊的法人，是由作

为使用者的成员联合所有和民主控制的企业。合作社的所有权是在民主的基础上归属于全体社员。它以服务成员为宗旨,谋求全体成员的共同利益,又是一种互助性的经济组织。合作组织是“人的联合”和“资本联合”的结合体,并以“人的联合”为主。这是与其他组织最大与最根本的区别所在。

第三章　农民专业合作社的成立与机构设置

农民专业合作社遵循以服务成员、谋求全体成员的共同利益为宗旨，在满足其内外部条件的前提下进行组建。本章重点阐述农民专业合作社的成立与机构设置。据《农民专业合作社法》的规定，农民专业合作社的组织机构一般由权力机构、执行机构和监督机构组成。权力机构是指成员大会或者成员代表大会；执行机构是指其理事长或理事会；监督机构是指合作社的执行监事或监事会等。但由于农民专业合作社的规模不同、经营的内容不同，设立的组织机构也并不完全相同。《农民专业合作社法》对合作社某些机构的设置不是强制性的，而是由合作社自己根据需要在章程中作出规定。

第一节　农民专业合作社的成立

一、成立原则

(一)合作社的宗旨

与一般的企业组织不同，合作社是以社员的劳动联合为基础而形成的，是具有以自我服务、自我管理的自治性质的经济合作组织。其宗旨不是利润的最大化，而是通过整合所有社员的劳动、资本等各种资源，发挥集体联合的力量，为社员提供各种服务，满足社员的共同愿望和需求。根据《农民专业合作社法》规定，农民专业合作社，要牢固树立服务意识，把为社员服务作为基本宗旨，积极创造条件，对内为社员提供无偿或低偿的产前、产中、产后服务，不以盈利为目的，不能自己赚自己人的钱；对外要积极参与市场竞争，代表成员利益对外谈判，节约交易成本，增加农民的收益；还可以积极创造条件创办自己的生产基地、加工企业和经营实体，统一品牌，在提高农产品质量和增加附加值上下工夫，赢利后再按盈余返还的原则分配给社员，以实现社员利益的最大化。

需要特别指出的是，合作社对成员不以营利为目的，但对外仍是以利益最大化为目的，在这一层面上，合作社与公司没有差别。合作社在对内服务于社员，提供非营利性服务的前提下，对外参与市场竞争，其盈余和积累归全体社员共同所有，对于年度可分配的盈余，在留取必要的公共积累后，要按照交易额返还给本组织成员。这是增强合作社凝聚力和向心力的关键所在。因此，合作社的最终目标不是利润的最大化，而是促进社员经济利益的增加和生活水平的提高，并通过合作社的不断发展壮大进而增加社员的福利。

(二)合作社的基本原则

1. 以家庭经营为基础的原则　以家庭承包经营为基础、统分结合双层经营的经济制度，是我国农村经济的一项长期的基本制度。一方面，家庭经营作为一种有效率的经济组织形式和制度，是农业自然选择和自发演进的结果，不是人为设计的结果。另一方面，家庭作为一个产权共同体，内部合理的分工、协作及较低的监督成本，使家庭经营在资源配置、劳动控制、外部收益内部化、激励与约束等方面具有独特优势，有利于实现家庭成员收益的最大化。另外，由合作社的性质所决定，合作经济不是代替或排斥农业的家庭经营，相反，农业的家庭经营是合作经济产生与发展的基础和前提。换言之，如果没有农业的家庭经营，也就不会有合作经济。

2.“民办、民管、民受益”的原则　坚持“民办”，这是农民专业合作社建立和发展的前提。一个农民专业合作社，必须是以农民为主体，农民在合作社成员中占绝大多数，以提高对农民的带动性。《农民专业合作社法》规定:农民专业合作社的成员中,农民至少应当占成员总数的80%。

坚持“民管”,这是农民专业合作社建立和发展的保证。各类农民专业合作社都要实行民主选举、民主决策、民主管理和民主监督,民主制定章程,严格按章程办事,在内部建立健全自我管理的运行机制,充分保障成员对合作社内部各项事务的知情权、参与权和决策权。

坚持“民受益”,这是农民专业合作社得以发展的核心,也是其生命力所在。农民之所以愿意加入合作社,就是因为从中可以得到实惠。如果农民在组织中得不到实惠或提不高收入,那么农民就不会参加或组成合作社,参加了也会退出来。

3. 盈余返还的原则 农民专业合作社要单独建账,明晰产权,逐步完善财务管理制度,向成员实行财务公开。农民专业合作社都应建立全体成员利益共享、风险共担的经营运行机制。合作社在运营过程中产生的盈余,应该确定为成员初始投资的增值部分返还给社员。在分配盈余时,除留有一定比例的公积金、公益金和风险基金,用于巩固自身发展和应对市场风险外,其余都应按照成员投资额比例分红和按交易额的比例返还给本社成员,是否进行盈余返还,这是农民专业合作社与公司制企业和其他经济组织的根本区别。如果盈余不给成员返还,那么合作社与农民的关系只是公司加农户的买卖关系,而不是真正意义上的农民专业合作社,因此也就不会有生命力。

4. 因地制宜、分类发展原则 由于各地自然、经济和社会条件不同,产业产品存在差异,农民专业合作社的建立和发展也不能采用统一模式,要因地制宜,逐步发展。

因地制宜、分类发展在组建形式上也可以体现,合作社可以完全是民办的,也可以是国家技术经济部门、事业单位与农民联办,也可以是涉农企业、公司与农民联办。合作社的发展方向是由官办逐步走向民办，但是在创办初期政府部门也可以牵头，以示支持。要坚持谁有能力谁牵头。大户可以牵头，龙头企业可以牵头，政府部门乃至科技人员和流通骨干也可以牵头。在服务内容上亦能体现这一原则，合作社的服务内容可以是单项的，也可以是多项的。当然也可以根据实力逐步扩大服务领域，创办服务和经营实体。在发展模式上，可以是合作社组办龙头企业也可以是龙头企业办合作社，或者是采用“公司＋专业合作社＋农户”的模式。

二、设立条件

农民专业合作社的组建受诸多因素的影响，需要一定的前提和条件，因此，在组建之前要对诸多影响因素进行充分的调查和综合分析。本部分以农民专业合作社为重点，通过总结各地农民专业合作社发展的实践，认为组建和发展农民专业合作社必须具备以下条件。

（一）外部条件

1. 农民的有效需求　专业合作社的基本原则之一就是自愿。因此，农民专业合作社创办时要充分尊重农民愿望，坚持入社自愿的原则，不能搞强迫命令或变相强迫农民入社，要多做宣传解释说明工作。首先把农民召集起来，向农民讲清成立农民专业合作社的好处、可行性、未来的发展前景以及存在的风险等，让农民真正了解到专业合作社能给他们带来实实在在的好处。其次农民很讲实惠，有效益他就会跟着干，没有实惠他就会站在一边看，怕担风险。因此，要发挥专业大户的带动作用，让农民看到实实在在的好处，用身边看得见、摸得着的事例引导他们。

2. 要有资源优势　资金短缺是农民专业合作社产生和发展的最大瓶颈，农民的资金实力有限，仅靠农民的自有资金难以保证组织的正常运转和发展。同时社会融资渠道不畅，民间融资发展滞后。较高的融资成本大大限制了农民专业合作社的规模壮大和业务范围,甚至阻碍了合作社的成立。目前,由于融资成本的限制,大多数农民专业合作社只能从事低层次的服务与经营。因此,要使农民专业合作社发展和壮大,必须开放农村资金市场,发展不同经济成分、多元化的农村金融组织,从而构建一个多元化的金融体系,尤其需要一个健全的、强有力的农村合作金融体系。农民专业合作社具有互助性质,政府不能将其视为工商企业,在税收上应该给予支持。并且政府在引进、推广新品种、新技术,兴办小型农产品初加工项目,建立无公害食品生产基地等方面对农民专业合作社给予必要的财政补助。

3. 要有国家政策和法律的保障 争取政府的重视和部门支持,是培育和发展农民专业合作社的根本保障。为切实增强农民专业合作社自我服务功能,在农业增效、农民增收中发挥重要作用,政府应积极给予支持和扶持。制定落实优惠扶持政策,积极探索和研究在信贷、税收、用地以及财政资金等方面的支持措施。对农民专业合作社在税务登记、土地使用、运输等方面实行倾斜政策。适当减免已登记成立的农民专业合作社的所得税、增值税,在土地使用方面优先安排,在农产品运输方面享受“绿色通道”政策。政府和各技术经济部门通力合作,发挥部门优势,形成合力,对农民专业合作社进行切实有效的支持,并克服多头管理现象,创造一个发展和繁荣农民专业合作社的良好环境。

法律是保护相关主体合法权益最有效的手段。有了与农民专业合作组织相适应的法律,才能使农民专业合作社具有法律地位,经中华人民共和国第十届全国人民代表大会常务委员会第二十四次会议通过并于 2007 年 7 月 1 日起施行的《中华人民共和国农民专业合作社法》,是我国关于农民专业合作社的第一部法律,它明确了农民专业合作社的概念和合作社的经济法人地位,提出了组建运行的原则。该法的实施可促进我国农民专业合作社健康规范发展。

4. 要有产业优势　一般来讲，一个区域经济由于其独特的自然资源及政府的扶持引导，会在一定区域内形成有比较优势的特色产业，围绕主导产业创建的专业合作社才具有生命力。

5. 要有市场需求　近几年来，随着市场经济的飞速发展，农业项目选取的准确与否直接关系到农业效益的高低。市场就像一只无形的手无时不在制约着农产品的价格。因此，创建农民专业合作社必须先了解、熟悉、分析市场行情，把握、预测市场，选择市场前景好、市场竞争力强的项目，才有可能取得好的效益。

(二)内部条件

不同地区的合作社成立的具体内部条件有所差异，但基本应具备以下 5 个内部条件。

1. 有一定数量的社员　农民专业合作社的社员不少于 5 人，其中依法享有农村土地承包经营权或从事捕捞生产经营的农村集体经营组织的社员至少占社员总数的 80%以上。城市居民可以成为社员，但不超过总数的 20%，公务员不能成为社员。合作社社员应符合以下条件：①具有民事行为能力的中国公民。②能够利用农民专业合作社提供的服务。③承认并遵守章程，履行章程规定的加入手续。

2. 有基本章程　农民专业合作社章程是决定专业合作社有关事宜的重要原则和规定，也是规范社员行为的准则，同时章程可以规定社员承诺承担保证责任的方式和金额。

3. 有符合法律规定的组织机构　《农民专业合作社法》规定农民专业合作社必设组织机构为理事长、社员大会。理事会、社员代表大会、执行监事、监事会等，可根据合作社的规模、发展需要等自行决定是否设立。当然，农民专业合作社理事会(长)可以根据社员(代表)大会的决定，聘任经理和财务会计，理事长可以兼任经理。经理根据章程规定或者理事会的决定，可以聘任其他人员。

4. 有符合法律、行政法规规定的名称和章程确定的住所

(1)专业合作社的名称　一般为县名+村名(地名)+生产经营项目名称+专业合作社。

(2)专业合作社的住所　是合作社的办公地点,刚发起、成员较少的合作社可以选择在合作社发起人、生产经营大户的家里,可以与龙头企业、村“两委”的办公室一起办公,有一定条件的合作社应修建自己的经营用房和办公室。

5. 有符合章程规定的社员出资　农民专业合作社是一个经济组织,是否实行成员出资制度、出资人的数量(全部或部分)、金额(最高或最低)、形式(实物或现金,有形资产或无形资产等)、时间和方式可以在章程中予以规定。

三、组建程序

(一)组建的步骤

1. 发起筹备

(1)选择发起人,成立筹备委员会,制定筹备工作方案　在专业合作社的筹备阶段,主要工作由发起人来做。发起人就是发起并创办农民专业合作社的创始人,因此创办专业合作社的第一步就是选择发起人。发起人负责专业合作社成立的策划、组织、协调、宣传及各项规章制度的制定等工作,对专业合作社能否成功创建至关重要。发起人可以是自然人,也可以是企业法人、社团法人。作为发起人应具备以下条件:坚持党的路线、方针、政策,政治素质高,组织能力强;在本地区、本行业内有较大影响力,一般为专业大户,致富能人;具有完全民事行为能力。从我国目前的实际情况看,发起人中大多数是农村的产销大户、能人、村“两委”干部、政府经济技术等涉农部门、公司或企业等。

筹委会主要由发起人和有关工作人员组成,必要时应成立专门办事机构,具体负责筹备和制订工作方案。工作方案包括为什么筹建该合作组织，主要由谁牵头发起，会员人会条件及合作组织筹备程序等。

(2)由发起人拟定社名，确立业务范围　由发起人商议并拟定合作社名称，确定本组织业务区域、业务项目、经营方式，并说明发起成立的缘由，预计会员人数及筹集的资金总额等。

(3)准备发起申请书　将上述发起人讨论研究确定的内容填入合作社发起申请表，并同时准备好申请报告。申请报告内容主要包括：本社宗旨，业务范围，经营效益，内设机构和下属组织等。

2. 申报批准　向工商管理部门和有关业务管理部门(如供销社、农业局)申报批准，以便合作社依法取得法人地位，也便于与主管部门加强联系，加强业务指导和管理。主管部门接到合作社发起人报送的组建申请书后，应认真进行审查，包括发起人是否有组织能力，该合作组织业务数量是否达到组建规模，预期效益如何等等。基本符合条件后，即可下达同意组建批复。

3. 制定章程　申请人接到主管部门准予组建的批复公文后，应即时召开筹委会，吸纳会员，参照有关示范章程拟定本组织章程及业务计划草案。

农民专业合作社章程，是为规范农民专业合作社内部关系，统一开展生产经营活动的原则和办事程序而制定的规程。章程的制定是一项非常重要的工作，要由发起人根据农业部、农民专业合作社示范章程，结合本社实际起草。章程内容包括：名称、住所、发起人姓名、经营范围；股金设置；社员的权利和义务；组织机构；财务管理和盈余分配；变更、终止和清算等。

需要注意的是，尽管有示范章程为样本，但是，我们不能照搬照抄，应借鉴示范章程的主要内容，结合本合作社的实际情况制定自己的章程。示范章程示范的是结构和具有普遍性的内容，具体到每个合作社应该有自己的特殊性。

4. 推荐理事会、监事会候选人名单　依托有关部门和社会力量创建的合作组织，应注意吸纳足够数量的农民成员参加理事会和监事会。社员是农民专业合作社的基础，宣传发动个人或团体自愿申请加入合作社，成为合作社的社员，凡从事与本社（协会）同类或相关产品，有一定的生产规模或经营、服务能力，具有完全民事行为能力的农民、组织或相关事业的个人，承认并遵守本专业合作社章程，自愿提出入社申请，认购股金，经筹备小组讨论通过，就可以成为本社的成员。合作社中享有土地承包经营权的农民必须占 80%以上，法人成员不得超过总量的 5%，生产性合作社中从事生产的社员占社员总数的一半以上。吸收的社员要造册登记。合作社正式成立后要向社（会）员发放社（会）员证。一般合作社成员不得少于 5 人。

5. 召开成立大会 在上述各项筹备工作任务完成后，即可呈请当地合作组织主管部门派员出席指导，并于合作社成立 7 日前，通知会员参加大会，如会员较多，则可按规定要求选派会员代表出席成立大会。成立大会一般包括如下议程。

①主持人宣布本合作组织加入成员名单、人数、代表人数，如到会人数符合成立合作组织成立有关规定后，即宣布成立大会开始。

②听取筹备小组报告本专业合作社筹备工作情况。

③主管机关负责人宣布本合作组织成立的批复。

④宣读章程草案，讨论和通过本合作社的章程。

⑤选举理事会和监事会，包括理事会理事长、理事、执行监事或者监事会成员。

⑥讨论和通过本专业合作社内部各项管理制度和运行机制。为了规范经营管理行为，农民专业合作社在有章程的约束规范基础上，还需要制定具体的经营管理制度，包括组织机构的设置、会议制度、工作规则、日常经营管理制度、财务会计制度等。其主要有农民专业合作社社员（代表）大会工作规则，农民专业合作社理

事会工作规则；农民专业合作社监事会工作规则；农民专业合作社理事长、监事长、会计职责；农民专业合作社财务管理办法等。

⑦讨论其他有关事项。

6. 组建工作机构　召开工作会议，成立办事机构。由理事长主持常务理事工作会议，研究成立合作组织办事机构和有关业务指导部门。业务量大的合作组织，可由理事长聘任总经理。

聘任办事机构业务部门负责人，业务量小的合作社，由理事长直接聘任，设置总经理的由总经理聘任部门负责人。由各部门负责人招聘精干业务工作人员。

召开业务会议，由理事长或总经理主持、有关业务部门参加讨论研究工作计划，布置和开展合作社业务工作。

7. 备案　发起人可依据本地有关的地方行政法规规定，持相关文件，到县级农业主管部门进行备案，亦可获得业务指导和相关扶持政策的咨询服务，促使合作社经营活动健康开展。

(二)专业合作社和专业协会组建的差别

1. 设立登记不同　合作社是企业法人，根据《农民专业合作社法》规定，农民专业合作社需在工商部门登记为企业法人。合作社是个经济实体，它直接与社员签订购销合同，为社员提供生产资料和技术服务，收购农副产品，搞加工、运输、销售服务。协会先经所在地县级以上政府及其授权的业务主管单位审查批准，由发起人向同级民政部门申请筹备，并按要求完成筹备任务后，再申请成立登记。合格者领取社会团体法人登记证书，专业协会在民政部门注册登记，以农产品行业来划分，一般不搞经济实体，主要是为成员提供生产、技术、营销方面的信息和技术服务。

2. 成员结构和人数限定不同　专业协会为增强协会的服务实力，广泛吸收同行业的企业、事业单位和社会团体加入。而农民专业合作社则把企事业单位和社团的加入，限制在成员总数的5%以内，其成员一般为个体农民，目的是为确保农民的主体地位，坚持为农民成员服务的宗旨。对于法人成员的规定是:成员人数在 20 人以下的,法人成员不得超过 1 人;成员人数超过 20 人的,法人成员不得超过 5%。协会的参与者为个体会员,一般为 50 人以上。

3. 法律依据和法律地位不同 专业协会,由科协系统主管,其法律依据是 1998 年修订的《社会团体登记管理条例》。合作社是企业法人资格,由农业部门或供销合作社主管,其依据是《农民专业合作社法》。农民专业合作社需在工商部门登记为企业法人,专业协会在民政部门注册登记为团体法人。

4. 办理登记手续时间长短不同 与农民专业合作社比较,申请成立农协的时间较长,从做出批准(60 日内)、召开会员大会(6 个月内)、发证(30 日内),前后需要约 9 个月时间。而农民专业合作社则较简捷,《中华人民共和国农民专业合作社法》第十三条规定"登记机关应当自受理登记申请起 20 日内办理完毕,向符合登记条件的申请者颁发营业执照"。

(三)组建中应注意"五好"

1. 有一个好带头人 有奉献精神的专业能手或专业大户对专业合作社的发展起着决定性的作用。要有必要的合作社经营管理人才,懂得合作机制并能够驾驭合作社的运作,理论上分析创办合作社具有很大的可能性,但这种可能性转变为现实还需有人来推动,没有合作社企业家就不会有合作社。当然在能人依托型的合作社中,发起人大多是当地的专业技术能手或专业大户,在合作社成立前就已在乡邻中有很高的知名度,这些专业能手和专业大户可以说是合作社的灵魂人物。

2. 有一个好思路 随着我国市场进程的推进和深入,农业生产经营越来越具有市场导向性。随着农产品市场格局由卖方市场向买方市场转变,农业产业化经营的深入发展,消费者需求的多样化,农产品买方市场特征越加明显。因此,在这种背景下兴起的农民专业合作社，要想在市场上取得生存和发展的空间，单纯依靠传统的“生产导向性”战略已经很难成功，而必须考虑如何有效的采用“市场导向性”战略。

3. 有一个好章程　章程是农民专业合作社工作运行和开展活动必须遵守的根本大法，一个好的章程能够使合作社运行有“法”可依，便于制度实施。

4. 有一个好项目　没有规模就没有市场，没有品牌就没有高效益。合作社要走“农产品品牌化、种养业生态化、农业产业化”的发展之路，前提是要有好的项目。在合作社项目经营中，要逐渐跳出简单的生产资料购买、生产技术服务等合作，向标准化生产、无公害认证、品牌包装等经营领域合作拓展，把产前、产中、产后的各个生产和经营环节统一起来，实现农产品的增量、保质、创牌、高效。

5. 有一个好制度　要有合适的制度环境，例如建立与合作社相配套的法律、法规等，保障合作社、社员的利益，促使合作社运行有章可循。目前很多农民合作社内部管理不规范，内部事务决定、利润分配、分红等随意性大，没有形成一个比较严格的制度。一个组织缺乏规章和制度就很难有序运作，而利益分配机制不健全既会影响成员对合作组织的信任程度，降低合作经济组织对农民的吸引力，也会影响到其资金积累，导致发展乏力，失去活力。

第二节　农民专业合作社的成员和机构设置

《农民专业合作社法》第四章规定了农民专业合作社的组织机构。根据规定，农民专业合作社通常可以由以下机构组成：成员大会、成员代表大会、理事长或者理事会、执行监事或者监事会、经理等。因为农民专业合作社的规模不同、经营内容不同，设立的组织机构也并不完全相同，《农民专业合作社法》对某些机构的设置不是强制性规定，而要由合作社自己根据实际需要决定。

一、合作社成员

(一)什么是农民专业合作社的成员

具有民事行为能力的公民，以及从事与农民专业合作社业务直接有关的生产经营活动的企业、事业单位或者社会团体，能够利用农民专业合作社提供的服务，承认并遵守农民专业合作社章程，履行章程规定的入社手续的，可以成为农民专业合作社的成员。但是，具有管理公共事务职能的单位不得加入农民专业合作社。

农民专业合作社的成员中，农民至少应当占成员总数的80%。成员总数在20人以下的，可以有一个企业、事业单位或者社会团体成员；成员总数超过20人的，企业、事业单位和社会团体成员不得超过成员总数的5%。农民专业合作社应当制作成员登记名册。

(二)成员的权利

①参加成员大会，并享有表决权、选举权和被选举权。

②利用本社提供的服务和生产经营设施。

③按照本社章程规定或者成员大会决议分享本社盈余。

④查阅本社章程、成员名册、成员大会记录、理事会会议决议、监事会议决议、财务会计报告和会计账簿。

⑤对本社的工作提出质询、批评和建议。

⑥提议召开临时成员大会。

⑦自由提出退社声明，依照本社章程规定退出本社。

⑧成员共同议定的其他权利。

(三)成员的义务

①遵守本社章程和各项规章制度，执行成员大会和理事会的决议。

②按照章程规定向本社出资。

③积极参加本社各项业务活动，接受本社提供的技术指导，按照本社规定的质量标准和生产技术规程从事生产，履行与本社签订的业务合同，发扬互助协作精神，谋求共同发展。

④维护本社的利益，爱护生产经营设施，保护本社成员共有财产。

⑤不从事损害本社成员共同利益的活动。

⑥不得以其对本社或者本社其他成员所拥有的债权，抵消已认购或已认购但尚未缴清的出资额；不得以已缴纳的出资额，抵消其对本社或者本社其他成员的债务。

⑦承担本社的亏损。

⑧成员共同议定的其他义务。

(四)成员的加入、退出和奖惩

农民专业合作社成员入社自愿，退社自由。农民加入和成员退出时要提出书面申请，经理事会批准并办理有关手续后，加入的成员享受应有的权利和承担应尽的义务，退出的也失去其成员的权利和不再承担应尽的义务。加入合作社的农民必须入股，不入股者不得成为合作社成员。退出的成员应当在财务年度终了 3 个月前向理事会提出(其中：企业、事业单位或者社会团体成员退社，应当在财务年度终了的 6 个月前提出)，其成员资格于财务年度终了时终止。与农民专业合作社已订立的合同是否继续履行，依照合作社章程规定或者退出时与合作社的约定确定。

对在农民专业合作社中工作表现突出、贡献较大的成员，理事会可决定给予必要的奖励。对违反合作社章程和各项规章制度，损害合作社利益的，理事会可给予必要的处分和制裁。

成员资格终止时，合作社应当于本财务年度终止时退还记载在其成员账户内的出资和财产份额。资格终止的成员应当按照合作社章程规定参与盈余分配或亏损分担，并承担资格终止前应承担的债务。

二、一般机构设置

(一)组织机构的设置

近几年,由于国家逐步完善的农业政策支持体系,有力地促进了农民专业合作社的快速发展。合作组织内部管理制度得到逐步健全,章程内容不断丰富,成员(代表)大会、理事会、监事会等功能得到进一步完善。规范的农民专业合作社的组织机构有:成员大会或成员代表大会、理事长或者理事会、执行监事或者监事会、经理等。成员大会是最高权力机构,理事会(理事长)和监事会各司其能,各负其责,并向社员大会负责。

1. 成员(代表)大会 成员大会是农民专业合作社的权力机构,按法律规定必须设立。成员大会是合作社的非常设机关,不是合作社日常业务执行机关或代表机关。成员大会作为会议体机关,其行使权力只能通过会议形式进行。成员大会主要是通过召开的定期会议或临时会议来行使职权的。如果合作社的成员较多(超过 150 人),可以按照章程规定设立成员代表大会。对于成员代表大会的代表产生办法、职权范围等,法律上没有硬性规定,而应当以本社的章程规定为依据。

成员大会有两种形式:年度大会,即每年定期召开一次的成员大会,一般是在每年结算后的一定时期内召开;临时大会,即在一定情形下,非定期的,由 30%以上的社员提议、执行监事或者监事会提议等召开的临时成员大会。成员(代表)大会闭会期间,社员(代表)应经常征集和反映社员对合作社经营管理方面的意见,协助合作社管理机构做好工作。

2. 理事会 理事会是农民专业合作社的执行机关。农民专业合作社可设立理事会,理事会一般为 3 人以上(奇数),由社员大会在本合作社社员中选举产生,在理事会成员中由社员直接选举产生理事长一名。社员较少的合作社可以不设立理事会,只设理事长一名，在社员中直接选举产生。理事长为本社的法定代表人，对社员（代表）大会负责，其职权由章程规定。

理事会会议可分为常会与临时会议两种。常会又称例会，是合作社章程规定的定期召开的会议，例如一月一次，或半月一次。临时会是不定期的，根据有无必要事项，由理事长随时召集。理事会会议决议是理事会对某一或某些事项作出决定的具体表现形式。理事会会议的表决，实行一人一票。重大事项集体讨论，并经2/3以上理事同意方可形成决定。理事会所议事项要形成会议记录，出席会议的理事应当在会议记录上签名。理事个人对某项决议有不同意见时，其意见应记入会议记录并签名。执行监事（或者监事长）和经理列席理事会会议，理事会会议可以邀请3～5名社员代表列席，列席者无表决权。

3. 监事会 为加强合作社的内部监督，防止合作社的有关负责人滥用职权，农民专业合作社可以根据需要设立执行监事或者监事会。理事长、理事、经理和财务会计人员不得兼任监事。监事会一般为3人以上（奇数），由社员大会在本合作社社员中选举产生，在监事会成员中由社员直接选举监事长一名。社员较少的合作社可以不设立监事会，只设执行监事一名，在社员中直接选举产生。监事会会议的表决实行一人一票。监事会会议须有2/3以上的监事出席方能召开。重大事项的决议须经2/3以上监事同意方能生效。

为了方便合作社的经营，提高合作社的效益，农民专业合作社可以聘任经理和财务会计人员，负责具体的经营事务和财务会计工作。对经理和财会人员的聘任要以成员大会的决定为依据，由理事长或者理事会选聘。按照法律规定，农民专业合作社的经理不是农民专业合作社的法定机构，合作社可以聘任经理，也可以不聘任经理，由理事长或者理事会直接管理农民专业合作社的具体生产经营活动。是否需要聘任经理，由合作社根据自身的经营规模和具体情况而定。为了减少管理者,减轻成员负担,提高合作社的运行效率,理事长或者理事可以兼任经理。在我国一些农业较为发达的地方,合作社已经开始聘请职业经理从事合作社的经营管理工作。

《农民专业合作社法》对组织结构的一般规定,体现了以农民专业合作社的成员为本,以农民为本的精神,维护了成员的利益。与此同时,成员大会(成员代表大会)作为权力机关,通过其章程制定及修改权、重大事项决策权、人事任免权等权力以及监事会,形成了对理事会和经理权力的制衡。

(二)管理机构的设置

农民专业合作社要在加工、销售、技术推广、生产资料供应等方面搞好统一服务,团结和约束成员,实现合作组织的目标。一个合作社内部的部门设置就是将组织的工作和人员编成可管理的单位。农民专业合作社可依据职能、产品、顾客、地区等事项设立技术部、财务部、营销部等部门,各部门发挥收集信息、推广技术、指导生产和组织协调运销的作用。理事会可对各个部门制定考核与奖惩办法进行管理。

技术部、营销部、财务部是理事会的下设机构,其工作人员可由理事长提名,理事会统一研究后,由理事会聘用,各部主任及工作人员可由理事会成员兼任,人员不足可适当聘用一般社员,但要尽量减少管理人员。

1. 技术部 科技创新引领现代农业发展,谁拥有先进适用的技术,谁就占有市场先机。作为农民专业合作社只有不断地进行技术创新,积极地引进、开发、应用先进实用的新技术、新成果,不断地引进或研制出市场需要且有竞争力的新产品,才能永远立于不败之地。因此有必要建立技术开发机构即技术部,专门负责技术引进、试验示范、新产品研制等技术开发和创新工作,更新技术和产品。与此同时,技术部还负责与科研机构、院校进行技术交流与合作，引进、开发、推广技术成果，聘请专家开展技术咨询和指导。

2. 营销部　在农产品买方市场条件下，合作社的营销管理显得越来越重要，因此建立营销部也是农民专业合作社的必然要求。牢固树立“营销就是生产、服务就是市场”的观念，把营销摆在管理的突出位置，通过农超对接、农校对接、农餐对接、农企对接等多种形式，大力发展“订单农业”。同时要充实营销队伍，加强营销培训，对销售人员确定目标销量。还可以构筑营销网络，在巩固老客户的同时，积极开拓新市场，在全县、全市、全省乃至全国，建立起营销资源共享，各方面互通有无的市场销售网络。

3. 财务部　为适应形势发展的需要，凡注册登记的合作社必须建立健全财务管理制度，实行独立核算。农民专业合作社应根据会计业务需要，设置财务机构，配备会计人员。不具备条件的，可以按照民主、自愿原则，委托具有相应资质的会计服务机构代理记账、核算或者聘任兼职会计。财务部负责向会员（代表）大会报告财务收支情况，及时解决会员提出的问题，自觉接受会员的监督。定期向农村经营管理部门报送财务报表。

三、组织机构职权和议事规则

（一）成员大会的职权和议事规则

1. 成员大会的职权　农民专业合作社成员大会由全体成员组成，是本社的权力机构，成员代表大会可以行使成员大会的部分职权，也可以是全部职权。通常情况下，成员（代表）大会行使以下职权。

①审议、修改本社章程和各项规章制度。

②选举和罢免理事长、理事、执行监事或者监事会成员。

③决定社员出资标准及增加或者减少出资。

④审议批准年度财务预算和决算方案。

⑤审议批准年度盈余分配方案和亏损处理方案。

⑥审议批准理事会、执行监事（或者监事会）提交的年度业务报告。

⑦决定重大财产处置、对外投资、对外担保和生产经营活动中的其他重大事项。

⑧对合并、分立、解散、清算和对外联合等作出决议。

⑨决定聘用经营管理人员和专业技术人员的数量、资格和任期。

⑩听取理事长或者理事会关于成员变动情况的报告。

⑪章程规定的其他职权。

2. 成员(代表)大会的议事规则 成员（代表）大会的议事规则主要有以下 3 个方面。

①成员（代表）大会做出决议，须经农民专业合作社成员表决权总数过半数以上的票数通过，方可生效。

②对修改农民专业合作社章程，增加或者减少成员出资标准，合并、分立、解散、申请破产清算和对外联合等重大事项作出的决议，须经成员（代表）表决权总数 2/3 以上的票数通过。

③成员（代表）大会表决实行一人一票的方式。成员的附加表决权的票数不能超总票数的 20%。

3. 成员(代表)大会的会议记录 农民专业合作社成员（代表）大会要有专人进行会议记录，记录会议的举行情况，包括会议的举行时间、地点、召集人、主持人、出席会议的成员及其持有的表决权数、会议的主要内容等。会议记录要经主持人和理事会成员确认签名，并存档保存，以备查看。

(二)理事会的职权和议事规则

1. 理事会的职权 根据《农民专业合作社法》规定，农民专业合作社应设理事长一名，作为本社的法定代表人。理事长对内依照职权从事内部管理工作，对外可以直接以本社名义从事经营活动，并代表本社参加诉讼和仲裁。因为各个合作社的情况不同，是否设立理事会由合作社自己决定。理事会的职责如下。

①组织召开成员大会或成员代表大会，并向成员大会或成员代表大会报告工作和其他需要成员大会或成员代表大会讨论、审议、通过的事项。

②在成员大会或成员代表大会闭会期间，负责执行成员大会或成员代表大会的决议和决策。

③制定本社的生产经营计划、发展规划、年度计划和内部管理制度。

④设置内部管理机构，聘用或解聘合作社经理和部门负责人及工作人员，并制定奖惩办法和报酬标准。

⑤代表本社对外签订协议、合同和契约。

⑥组织成员参加培训和开展各种互助协作活动。

⑦组织编制年度业务报告、盈余分配方案、亏损处理方案以及财务会计报告。

⑧接受监事会对本社生产、经营、分配、财务状况等进行监督，并对监事会提出的监督意见，在规定时间内作出答复。

⑨讨论本社成员的加入、退出、除名、继承等事项。

⑩履行本社章程和成员大会或成员代表大会授予的其他职权。

2. 理事会的议事规则　理事会的议事规则有以下 3 个方面。

①理事会实行充分协商一致的原则，理事会成员各享有一票表决权，重大事项集体讨论，并经 2/3 以上理事同意方可形成决定。

②理事会个人对某项决议有不同意见时，其意见应记入会议记录。如该决议对合作社造成损失时，表决时有异议并被记载于会议记录的理事可免除其责任。

③理事会会议可邀请执行监事、经营管理负责人和一定数量

的成员代表列席，列席会议者无表决权。

3. 理事长的职权 理事长是农民专业合作社的法定代表人，可行使下列职权。

①主持农民专业合作社的日常工作，负责召集并主持理事会会议。

②根据农民专业合作社成员（代表）大会和理事会的决定，组织实施年度生产经营计划和生产、经营、服务活动。

③根据农民专业合作社成员（代表）大会和理事会的决定，签署聘任或者解聘经营管理负责人和财务会计负责人文件。

④组织拟定农民专业合作社经营管理机构和各项规章制度。

⑤签署农民专业合作社成员股金证明，代表农民专业合作社签订协议、合同和契约等法律文书。

⑥组织落实合作社的各项工作任务，履行农民专业合作社章程和理事会授予的其他职责。

(三)监事会的职权和议事规则

1. 监事会的职权 为加强合作社的内部监督，防止合作社的有关负责人滥用职权，农民专业合作社可以根据需要设立执行监事或者监事会，当然，也可以不设执行监事或者监事会，而由成员直接行使监督权。监事会的职责有以下几点。

①监督理事长或者理事会对成员大会或成员代表大会决议和本社章程的执行情况。

②监督检查本社的生产经营和财务收支及盈余分配情况，负责对本社的财务进行内部审计并向成员大会或成员代表大会报告审计结果。

③监督检查理事会和其他工作人员的工作情况。

④向成员大会或成员代表大会提交监事会工作报告和各项决议执行情况的审查报告。

⑤列席理事会会议，向理事会提出改进工作的建议。

⑥建议召开临时理事会、成员大会或成员代表大会。

⑦履行成员大会或成员代表大会授予的其他职权。

2. 监事会议事规则 监事会议事规则有以下3条。

①农民专业合作社监事会会议由执行监事召集，会议决议以书面形式通知理事会，理事会须在接到通知后及时作出答复。

②农民专业合作社监事会成员各享有一票表决权。监事会会议须有2/3以上的监事出席方能召开。

③重大事项的决议须经2/3以上监事同意方能生效。监事个人对某项决议有不同意见时，其意见记入会议记录。

(四)合作社组织结构设置存在的缺陷

作为一种企业形式，合作社与公司制企业有着类似的治理结构，即成员大会(或成员代表大会)、理事会、监事会相互之间职责的划分和相互的制衡。但在我国目前农民专业合作社制度设计上，出于尽快发展合作社、吸引更多农户参加的考虑，《农民专业合作社法》并未对合作社中理事会、监事会(监事)的设立作出硬性要求，也未对成员的最低出资作出要求，加上资本“集中化”、负责人“干部化”等现象的存在，目前大多数农民专业合作社的治理机构不完善或者形同虚设，同时缺乏对合作社理事长、经营管理人员的内部监督。组织机构不健全从而进一步导致组织机构运行不规范。部分合作社“三会一公开”制度不健全，民主管理不规范。社员民主权利得不到保障，主体地位没有得到很好落实。

四、管理机构职责

(一)技术部职责

技术部在合作社理事长的领导下实行部门部长负责制，其主要工作职责如下。

①负责组织产品或生产和采购，完成确定的生产目标。

②负责掌握会员生产品种、规格、数量等情况，并及时向本组

织报告。

③负责收集掌握技术信息。技术部要经常以多形式、多渠道收集和捕捉最新的科技信息和市场行情，为己所用，为技术决策提供依据。

④负责所需物资的供应、原材料的采购，拟定并执行产品的生产或采购成本定额标准。

⑤负责开展技术培训。合作社要根据本社的生产要求和技术规程，定期对会员进行技术培训，努力提高会员的技术水平和业务素质

⑥负责制定、实施本部门及本部门职工的工作职责，并对其工作业绩、过失等负责。

（二）财务部职责

财务部按照章程规定和理事长或者理事会授权，实行部门经理负责制，其主要工作职责有以下几个方面。

①搞好会计核算，按照《会计法》、《农民专业合作社财务会计制度》和国家有关政策建立账目，确保会计信息的合法性和真实性。

②负责管理好货币资金，督促管理好财产物资、产成品，确保资产安全完整。

③负责制定、实施财务管理制度，包括会计员、出纳员岗位责任制、资金管理及费用开支制度、社务公开制度、档案管理制度等相关制度。

④管理好各种档案资料，包括文书档案和会计档案等资料。

⑤对社内技术与经济服务活动实行会计核算，按月编制财务报表。

（三）营销部职责

营销部按照章程规定和理事长或者理事会授权，实行部门经理负责制，其主要工作职责有以下几点。

①负责按照理事会制定的年度生产计划制定具体的实施方案,及时掌握市场动态,谋划营销策略,实施营销宣传,拓展销售渠道。

②制定本社产品收购价格和销售价格,并报理事会批准。

③对内与合作社社员签订本社产品收购合同,对外与销售商签订本社产品销售合同。

④按合同约定搞好合同的履行兑现。

⑤负责对经济合同纠纷的诉讼工作。

⑥负责本社产品的加工,创优本社产品品牌。

⑦制定本部门管理制度和本部门工作人员岗位责任制。

(四)部门设置目前存在的缺陷

在专业合作社中产权不清的问题比较严重,特别是在一些职能部门领办的合作组织中。在建社之初往往能较好的协调各方的利益,但随着业务发展到一定规模后,由于最初对社员和职能部门的产权没有界定清楚,就容易对新增资产的产权产生纠纷,难以清楚界定。这些问题的存在都直接或间接影响着合作社的健康发展。

第四章 农民专业合作社内部管理制度与产权安排

第一节 农民专业合作社的内部管理制度

合作组织应建立健全会计核算、财务管理、民主议事决策、年度决算盈余返还、成员管理、岗位目标考核、档案管理以及购销管理办法等各项规章制度。

一、内部管理的原则与现状

(一)内部管理原则

“民办、民管、民受益”是农民专业合作社的基本原则。其中,民办是前提,是组织发展的群众基础和生命力所在;民管是基础,是组织发展的制度保障和凝聚力所在;民受益是组织发展的内在动力和吸引力所在。有管理才能使组织有章可循,有民主才能使农民有管理的权利,才能团结大家众志成城。

(二)内部管理制度现状

目前我国农民专业合作社的组织机构和管理制度还很不健全。农民专业合作社大多是在“能人效应”下成长起来的,多数没有完善的、可操作的章程,主要是靠共同经营的产品相联结,靠“牵头人”的个人权威来凝聚。组织机构不健全,成员大会、理事会、监事会等机构没有很好地发挥作用,民主管理制度、财务管理制度和监督机制不完善。由于靠一两个“能人”运作,生产经营和内部管理的随意性很大。农民专业合作社负责人的权力得不到成员的有效监督,成员很难行使民主管理权利。

二、基本的内部管理制度

(一)组织制度

农民专业合作社的组织制度是自愿加入和自由退出。任何人只要能够利用合作社提供的服务并承担成员义务,均可以申请加入合作社;同时,合作社成员拥有自由退出的权利。任何单位和个人不得违背农民意愿,强迫他们成立或参加农民专业合作社;同时,农民专业合作社的各位成员在组织内部地位平等,并实行民主管理,在运行过程中应当始终体现“民办、民管、民受益”的精神。

合作社成员往往是本社区的农户。在合作社实际运行过程中,有的合作社对成员专业生产的规模作了最低限定,只有达到规定的标准才能接纳为成员。绝大多数的农民专业合作社都实行退出自由,也有一部分专业合作社对退出有所限制,主要是限制合作社骨干成员的退出。例如,一些专业合作社规定合作社理事会成员及工作人员在职或在任期间不能退社,合作社的发起人不能退社。还有一些农民专业合作社实行正式会员和非正式会员制度,正式会员和非正式会员在权利和义务上有所差异,这样做既保证了合作社成员的权利和义务以及组织的稳定性,又最大限度调动了农民群众的普遍参与。

(二)决策制度

农民专业合作社的决策机制是成员(代表)大会的民主管理,一人一票。现实中,我国大多数农民专业合作社实行了这一制度,但存在向“一股一票”发展的趋向。“一人一票”与“一股一票”之间的最大区别,就是前者强调的是成员的权利,体现的是公平的原则,而后者则强调的是资本的权利,体现了效率的原则。由于资金不足是农民专业合作社面临的突出的现实问题,普遍对成员入股数量采取鼓励的态度,这使出资多的成员拥有投票优势,从而可以顺理成章地要求突出资本的权利。于是,就难免在重大决策时产生按股投票或一人多票的情形,并形成有利于资本优势成员的决策和制度安排。在农民专业合作社的决策运行机制中,还有一个重要的特点是能人效应。“能人”是合作社中的关键成员,通常也是合作社的发起者、领导者或大股东。他们在合作社的领导地位来自个人人力资本,主要包括技术知识、管理能力和社会关系网。与普通成员相比,他们无论是在最初的组织发起、制度订立,还是日常的管理决策,甚至关系合作社兴衰与成败的重大事件中都拥有突出的影响力。正是在此意义上,有学者认为,“没有合作社企业家就不会有合作社”。由此可以推论,一个缺少核心人物或骨干队伍的农民专业合作社,其组建、运营将是困难的,建成了也会因缺少核心,凝聚力不足而丧失发展活力。

(三)利益分配制度

农民专业合作社的利益机制是谋取成员利益最大化宗旨的体现。合作社的利益机制主要是为成员提供服务和按交易额返还盈余。成员接受合作社的服务越多,越能够通过合作社的组织效应实现和分享规模收益,而且能够较多地分享合作社的经营利润。农民专业合作社为成员提供服务和按交易额返还盈余应实现公平与效率的统一。目前我国农民专业合作社的利益机制主要体现在向成员提供服务和惠顾返还,而股金分红很少实行。

按惠顾额返还盈余是合作社利益机制的重要组成部分,也是合作社扩大市场份额、增强竞争能力的重要手段。参加盈余分配的人员为持有本社《社员证》的社员。其次,合作社在进行年终盈余分配工作以前,要做好财产清查,准确核算全年的收入、成本、费用和盈余,清理财产和债权、债务。我国《农民专业合作社法》第三十七条规定:农民专业合作社的可分配盈余按社员与本社的交易量(额)比例返还,返还总额不得低于可分配盈余的60%。

股金分红也是合作社利益机制的组成部分。合作社为扩大资本,满足资金需求,在交纳“入社费”之外,向合作社社员发放股份筹集资金。年终利益分配时,合作社会按照合作社章程,根据社员的投资额发放红利,但是为了限制资本的权利,分红率一般较低。有的合作社社员入股金额相等,分红量相同,激励作用不大。因此,股金分红在我国合作社利益分配中使用不多。

三、具体的内部管理制度

农民专业合作社在制定具体的内部管理制度时,可依据章程和合作社发展情况,制定合理有效的内部管理制度。下面是一些具体内部管理制度的参考。

(一)社务公开制度

1. 社务公开的内容 社务公开主要包括以下 8 个方面的内容。

①本社发展规划,年度工作目标及执行情况;社员(代表)大会和理事会讨论决定事项的实施情况;理事会年度工作目标执行情况;监事会工作目标完成情况。

②合作社年度财务计划、财务决算和债权债务情况。

③社员的入社、退社、除名情况;社员在合作社入股情况,公积金、国家财政扶持资金及接受其他捐赠量化到社员个人账户份额情况;社员与合作社的交易额(量)情况;社员盈余分配、投资收益分配等情况。

④国家对本社的扶持、本社接受其他捐赠收支、使用、管理情况。

⑤管理人员、技术人员的聘请、解聘及其工资、奖金、补贴和福利情况,公务活动方面的开支情况,工作业绩情况。

⑥资产的购置、使用、处置等管理情况以及收益情况;本社建设项目的投资、管理和收益情况。

⑦本社办公费、差旅费、招待费、宣传费等非生产性支出情况。

⑧涉及本社社员利益,社员普遍关心和要求公开的其他事项。

2. 社务公开的形式

(1)公开栏公开　在合作社办公地点设置社务公开栏，将公开事项逐条予以公布，并设置意见箱。

(2)会议和公开信公开　通过召开社员(代表)会议，发放社务公开内容资料，宣读公开内容进行公开。合作社定期印发社员公开信公开社员应知内容。

(3)填写发放社员证公开　设计制作集注明社员身份、股金证明、社员个人账卡、明白卡等于一体的社员证，适时填写发放公布，但不得取代公开栏。

3. 社务公开的时间　基本社务每季度月底公布，每年定期公开四次。财务公开内容每月公开一次。填发社员证公开，一般一年一次。应当及时公开的事项随时公布。

4. 社务公开的程序　首先，监事会根据本社的实际情况，依照政策法规和社员的要求，提出社务公开的具体方案；其次，理事会对方案进行审查、补充、完善后，根据公开的内容采取多种不同形式，安排相关部门和人员及时公布；最后，监事会建立社务公开档案备查。

5. 意见反馈　每次村务公开后，理事会负责收集、听取、接受社员反映的询问、意见和投诉，并及时予以解释和答复。理事会能够当场答复的，要当场给予答复；不能够当场答复的，应当于7日内作出答复。半数以上的社员对社务公开的事项不同意的，应当坚决予以纠正，并重新公布。对反映的突出问题要组织专门人员调查、核实、纠正，督促整改落实。

6. 监督管理　对不按规定进行社务公开的，监事会可以责令其限期公开；对弄虚作假、欺瞒社员的，给予有关责任人员批评教育，并责令其改正；对拒不改正或者情节严重以及有打击报复行为的，可以建议理事会按程序对有关责任人员予以罢免职务和除名；对社务公开中发现有挥霍、侵占、挪用、贪污合作社财物及其他违法行为的，应当及时处理，对其中构成犯罪的，移交司法机关依法处理。

(二)财务管理制度

财务管理制度是农民专业合作社理财活动的重要依据。制定财务管理制度只是手段，狠抓落实才是根本。其一，农民专业合作社应该聘请具有较高业务能力和职业道德水平的会计人员。其二，根据合作社不断出现的新的经济活动，鼓励财会人员通过继续教育方式学习和更新财务知识。其三，合作社要加强对财会人员的考核，完善考核机制。农民专业合作社必须有独立的账号，实行独立的财务管理和会计核算制度，合作社除总账外，还应有记载社员农产品交售数量和入股资金、量化资金、盈余返还的个人财产账户。

1. 资金来源　农民专业合作社的财产一般来源于社员股金、积累资金和政府或金融机构贷款，也有少部分资金来自捐赠或政府扶持，这些财产构成了农民专业合作社独立支配的财产，农民专业合作社以这些财产独立承担民事责任。

(1)成员出资　合作社成员可以用货币出资，也可以用库房、加工设备、运输设备、农机具、农产品等实物、技术、知识产权或者其他财产权利作价出资，但不得以劳务、信用、自然人姓名、商誉、特许经营权或者设定担保的财产等作价出资。成员以非货币方式出资的，由全体成员评估作价。以非货币方式出资的成员与以货币方式出资的成员享受同等权利，承担相同义务。经理事长或者理事会审核，成员大会讨论通过，成员出资可以转让给本社其他成员。为了实现合作社及全体成员的发展目标需要调整成员出资时，经成员大会讨论通过，形成决议，每个成员须按照成员大会决议的方式和金额调整成员出资。

合作社应向成员颁发成员证书，并载明成员的出资。成员证书同时加盖本社财务印章和理事长印鉴。

(2)积累资金　本社每年度从结余中提留公积金、公益金、风险基金等。每年提取的公积金、公益金、风险基金，均应按章程规定量化为每个社员的股份。

(3)接受的捐赠款和政府扶持资金　合作社接纳的外部无偿资助，均按接收时的现值入账，作为本社的法人资产。捐赠款和政府无偿投入的扶持资金，应计入合作社公积金项目并具体平均量化为社员的股份。

2. 开支范围　合作社生产经营和管理过程中的费用开支范围严格执行有关财务、会计制度，计入成本。费用开支范围主要包括：本社日常办公费；发展本社生产经营事业所发生的经营性支出；科研、咨询、培训、推广和宣传教育等支出；对特别困难社员的补助；职工工资和福利费用；社员和职工的物质奖励；其他符合财会制度规定的支出。

3. 盈余分配　扣除当年生产成本经营支出和管理服务费用后，年终盈余按公积金、公益金、风险基金和可分配盈余等来分配和使用。

(1)公积金　按盈余一定比例提取，用于扩大生产经营，弥补亏损或者转为社员出资。公积金不足以弥补当年亏损的，社员大会应酌情规定补充的办法和期限。每年提取的公积金应按照社员认购的股金份额，或者按社员与合作社的业务交易量(额)，依比例折股量化为每个社员所有的份额，记入社员个人财产账户。

(2)公益金　按盈余一定比例提取，用于合作社文化、福利事业。

(3)风险基金　按盈余一定比例提取，用于合作社生产、营销遭受重大经济损失的补贴。

(4)可分配盈余　合作社在弥补亏损、提取公积金、公益金后的当年盈余，为农民专业合作社的可分配盈余。合作社在弥补亏损、提取公积金、公益金后的当年盈余，为农民专业合作社的可分配盈余。可分配盈余，按照下列规定返还或者分配给成员：①按成员与本社的交易量（额）比例返还，返还总额不得低于可分配盈余的 60%；②按前项规定返还后的剩余部分，以成员账户记载的出资额和公积金份额，以及本社接受国家财政直接补助和他人捐赠形成的财产平均量化到成员的份额，按比例分配给本社成员。

农民专业合作社可根据章程规定对社员账户中记载的社员出资和财产份额支付利息或者分红。支付利息的，利率不得超过中国人民银行规定的一年期存款利率的 150%；实行分红的，分红总额不得超过可分配盈余的 50%；也可以按社员对合作社的贡献量，包括股金额、交易额和利用本社设施量多少等向社员统筹分配。

上述各具体项目和提取比例以及分配数额，可由合作社章程规定，或由理事会提出方案，由社员大会讨论决定后实施。执行监事或者监事会负责对本合作社的财务进行内部审计，审计结果应当向成员大会报告。成员大会也可以委托审计机构对本社的财务进行审计。每个会计年度终了时，由理事长按照合作社章程的规定，组织、编制本社年度业务报告、盈余分配方案、亏损处理方案以及财务会计报告，经执行监事或者监事会审核后，于成员大会召开十五日前，置备于办公地点，供成员查阅并受成员的质询。

（三）生产销售管理制度

1. 统一生产计划 合作社根据市场需求和本社产品实际，统一制订年度生产计划和各个阶段生产计划，由社员按生产计划落实生产，与合作社签订生产合同，计划合同做到"七定"，即定面积、定产量和质量规格、定农资农械需求、定技术服务、定安全生产责任、定产品交售办法、定包装加工要求。

2. 统一供应农资 合作社根据生产需要和技术要求，统一组织为社员采购、供应生产资料和设备。实行规模采购，努力减少社员的生产成本。合作社统一采购供应的农资必须保证质量，适合本社各种生产和质量安全技术标准。否则,造成的损失由负责采购的当事人赔偿。

3. 统一技术标准 合作社按照质量安全要求,统一组织制订、实施生产技术规程,按产品质量标准组织生产,逐步建立产品质量追溯、检测监督等制度。

4. 统一产品认证 合作社统一认证认定无公害农产品、绿色农产品、有机产品及地方名牌、著名商标等,提升产品品牌和档次。

5. 统一指导服务 合作社实行管理人员分生产区域、分产品品种负责制,统一对社员进行产前、产中、产后的指导服务和管理。

6. 统一加工销售 合作社统一生产加工,统一商标品牌,统一包装销售。积极开拓市场,扩大销售网络,努力降低销售费用,提高产品的附加值。

在合作社收购社员产品环节上,要严格执行合同规定的收购质量、价格、数量,对待社员要公平公正;社员要维护本社形象和利益,要履约守信,不贪小利;社员要听从统一指挥,服从统一调度,保证在规定时间内,保质保量的交售产品,使产品能及时加工、包装、调运,进入市场。

合作社确定专人,定期对收购、储存、调运的产品以及待交售的产品,分社员、分生产区,分产品种类、分质量规格,分客户、分市场建立台账,做好统计分析,以指导、调度好加工、储存和销售。

(四)社员管理制度

符合下列条件,经理事会审查批准,即可成为本社社员:①承认本社章程;②种植、养殖量超过本社社员平均量;③缴纳股金10元以上;④写出书面申请。

社员均享受本社章程规定的权利:①参加社员大会,并有表决权、选举权和被选举权;②优先参加本社组织的各项活动,优先享受本社提供的各种服务,优先利用本社设施;③享受本社的股金分红和按本社主要产品交售数量进行的利润返还;④有权对本社的生产经营、财务管理、收益分配等提出建议、批评和质询，并进行监督；⑤建议召开社员大会或社员代表大会；⑥本社规定的其他权利。

社员必须履行本社章程规定的义务：①执行社员大会或社员代表大会、理事会的决定；②按照章程规定交纳入社股金和会费，按照入股金额承担责任；③按照章程规定与本社进行交易；④积极参加本社活动，维护本社利益，保护本社共有财产，爱护本社设施；⑤按本社的技术指导和要求组织生产经营，按时保质保量履行合同协议；⑥发扬互助合作精神，群策群力，共同搞好本社生产经营活动；⑦本社规定的其他义务。

非本社社员入社可随时提出申请，理事会每季度讨论一次，对符合入社条件者吸收为社员，并发给《社员证》，讨论通过之日为入社时间。

社员退社须在履行当年义务后，于年终决算前3个月，以书面形式向理事长或理事会提出，经理事会批准，方可办理退会手续，并收回《社员证》。社员退社时，其入社股金于年终决算后两个月内退还。如本社亏损，则扣除其应承担的亏损份额；如本社盈利，则分给其应得红利，不退会费。

社员不履行义务或不执行章程规定的其他款项，或因社员个人行为损害合作社形象及经济利益的，除承担相应经济责任外，根据情节轻重在社员大会上通报批评。社员有下列情形之一者，经社员大会或社员代表大会决议，取消其社员资格：

①不遵守本社章程及决议，不履行社员义务；

②从事与本社相竞争或与本社利益相矛盾的活动；

③不按本社的技术指导和规定进行生产经营，给本社信誉、利益带来严重危害；

④其他有损本社利益的行为。

(五)档案管理制度

1. 归档范围与管理 凡是反映本社活动的章程、管理制度、社员情况、规划、年度计划、统计资料、财务审计、会计档案、劳动工资、经营情况、人事情况、会议记录、决定、委托书、协议、合同、项目方案、通知等具有参考保存价值的各种文字、图表、声像等不同形式的历史记录均属归档范围。档案管理由档案管理员负责。保证本社的原始资料及单据齐全完整、安全保密和使用方便。

2. 资料的收集与整理 归档资料可实行“季度收集整理”和“年度归档立卷”制度,即:每年的4月份、7月份、10月份和翌年的1月份为季度收集整理期,每年2月份为档案资料归档立卷期。在档案资料收集整理和归档立卷期,由档案管理员分别向各部门收集应该归档的原始资料,各部门应积极支持配合。凡涉及商业机密的文件必须按规定另外归档存放。档案管理员根据有关文书立卷归档管理制度实施档案归档整理。

3. 档案的借阅 理事会和监事会成员借阅非密级档案可直接通过档案管理员办理借阅手续。因工作需要,本社的其他人员需借阅档案的,本人提出申请,非密级的由理事会成员审批;借阅密级档案的由理事长审批,原则上只能在档案室阅览,不准再外借;本社外的人员借阅档案,一律由理事长审批。借阅者要保持档案整洁完整,不得涂改遗失;要注意安全保密,未经允许,不得翻印、抄录、转借、遗失。

4. 档案的销毁 任何个人或部门未经允许不得销毁档案资料。档案到了销毁期,由档案管理员进行清理,写出书面销毁报告报理事会批准后执行。经批准销毁的档案,档案管理员须认真核对,将批准的档案资料销毁审批报告和将要销毁的档案资料做好登记并归档。销毁登记表永久保存。在销毁档案资料时,必须由监事会成员监督销毁并在销毁登记表上签字。

第二节　农民专业合作社的产权安排

一、成员个人产权

农民专业合作社是成员共同出资兴办的经济组织，成员个人权属主要包含以下几个方面。

（一）成员出资属于成员的所有权

农民专业合作社是由农民出资入股组建而成的，合作社中的成员出资属于该出资的成员所有。

（二）盈余分配权

合作社的盈余在提取公积金之后，应按成员与合作社的交易量（额）的比例返还给成员，交售农产品多，返还的比例就相应的大，交售农产品少，返还的比例就低。一般来说，合作社返还成员的盈余比例，不应少于可分配盈余的60%。

（三）国家扶持资金和社会捐赠资金的收益权

国家扶持和社会捐赠资金应按国家扶持和社会捐赠时的成员人数，平均量化为每个成员的份额，记入成员账户，由合作社统一经营使用，成员对这部分资金享有收益权。但是成员退社和成员资格终止时，由国家财政扶持的资金和社会捐赠形成的财产份额，应当留存在农民专业合作社，并重新平均量化为其他成员的财产份额。合作社成员死亡，其法定继承人可以经章程规定办理入社手续，继承其成员资格，并享有这些资金的收益权。在农民专业合作社解散、破产清算时，由国家财政扶持形成的财产不得作为可分配剩余资产分配给成员，其处置根据国务院规定的办法办理。

（四）公积金的分割受益权

农民专业合作社的公积金及未分配盈余形成的公共积累，在农民专业合作社存续期间，应当根据国家政策、法律的规定或合作社章程的约定，根据成员的出资比例及利用合作社设施、服务的贡献，量化为每个成员所有的份额，记入成员账户，并享受这些公共积累增值带来的收益。如果农民专业合作社解散，这些盈余的公共积累也应按成员出资入股的比例和成员与合作社产品交易贡献量分割分配给合作社成员。

二、法人产权

农民专业合作社的法人产权是由出资入股加入合作社的农民所有，由合作社依法占有、使用、处分的具有排除国家、其他组织或合作社以外任何人的权利。其主要体现为对成员出资、由成员出资形成的公积金、国家财政扶持、社会捐赠、其他合作社收益和合作社的房屋、设备等有形资产，以合作社名义取得的专利、商标、非专利技术、商誉等无形资产，依照法律规定和章程的约定享有占有、使用和处分的权利。

三、农民专业合作社的产权保护

国家依法保护农民专业合作社及其成员的合法产权，任何单位和个人不得侵犯。农民专业合作社的产权保护实行两个原则：一是法律保护原则；二是有限责任原则。

(一)法律保护

《中华人民共和国农民专业社法》第六条规定："国家保护农民专业合作社及其成员的合法权益，任何单位和个人不得侵犯"。第五十三条规定："侵占、挪用、截留、私分或者以其他方式侵犯农民专业合作社及其成员的合法财产，非法干预农民专业合作社及其成员的生产经营活动，向农民专业合作社及其成员摊派，强迫农民专业合作社及其成员接受有偿服务，造成农民专业合作社经济损失的，依法追究法律责任"。

(二)有限责任保护

一般来说,农民专业合作社的产权是和其承担的民事责任联系在一起的,农民专业合作社的产权便是其承担责任的前提。有限责任保护,主要是指在生产经营过程中,国家对农民专业合作社成员的个人产权和法人产权实行承担有限责任的保护。

1. 对社员个人产权的有限责任保护　就是说农民专业合作社如在对外交易中发生债务,合作社成员只能以以下方式对合作社承担有限责任:①成员的出资;②合作社存续期间由公积金量化为成员的份额;③由社会捐赠资金量化为成员的份额。不能连带成员个人或家庭的其他资产,也就是说,成员个人对合作社不负无限连带责任。

2. 对法人产权的有限责任保护　农民专业合作社如在对外交易中发生债务,只能以成员出资、公积金、国家财政直接补助、他人捐赠以及合法取得的其他资产形成的财产对债务承担有限责任,而不能承担其他无限连带的清偿责任。

四、合并、分立、解散和清算

(一)合　并

农民专业合作社合并,须经成员大会决议,自合并决议作出之日起 10 日内通知债权人。合并各方的债权、债务应当由合并后存续或新设的组织继承。

(二)分　立

农民专业合作社分立,其财产作相应的分割,并应当自分立决议作出之日起 10 日内通知债权人。分立前的债务由分立后的组织承担连带责任。但是,在分立前与债权人就债务清偿达成的书面协议另有约定的除外。

(三)解　散

合作社有下列情形之一,经成员大会决议,报登记机关核准后予以解散:①章程规定的解散事由出现;②成员大会决议解散;③因合并或者分立需要解散;④依法被吊销营业执照或者被撤销;⑤因不可抗力因素致使本社无法继续经营。

(四)清　算

合作社在解散事由出现之日起15日内由成员大会推举成员组成清算组,开始解散清算。逾期不能组成清算组的,成员、债权人可以向人民法院申请指定成员组成清算组进行清算。

清算组负责处理与清算有关未了结业务,清理本社的财产和债权、债务,制定清偿方案,分配清偿债务的剩余财产,代表本社参与诉讼、仲裁或者其他法律程序,并在清算结束后,于1日内向成员公布清算情况,向原登记机关办理注销登记。清算组成立起10日内通知成员和债权人,并于60日内在报纸上公告。合作社财产优先支付清算费用后,按下列顺序清偿:①所欠员工的工资及社会保险费用;②所欠税款;③与农民成员已发生交易所欠款项;④所欠债务;⑤归还成员出资;⑥按清算方案分配剩余财产。

清算方案须经成员大会通过或者申请人民法院确认后实施。

本社财产不足以清偿债务时,依法向人民法院申请破产。

第五章　农民专业合作社创建的主要模式

任何事物的产生和成长要基于其内生力量与外部力量，经过一个由弱到强、逐步成长壮大的过程。在这个过程中，事物发展将遵循一定的规律并呈现出一定的特点。通常我们将这种成长的路径概括为该事物的发展模式。理论上，我国农民专业合作社是由农民自愿组织起来的，农民是否加入合作社，加入哪个合作社是完全自由的，是不受外界力量强制的。但是，现实中我国农民专业合作社在产生和发展过程中，由于其生成的内生力量的不同以及其所依托的外部力量的差异，在不同地区和不同行业，呈现出不同的发展特点和规律，最终构成了不同的农民专业合作社发展模式。从目前来看，根据农民专业合作社领办者的身份，主要包括能人领办型、基层组织牵头型、龙头企业带头型等多种模式。

第一节　能人领办型合作社

一、模式介绍

这里的"能人"是指农村具有一定技术水平和领导能力，已经进行大规模经营农户的概括性称呼。主要包括有较大种植或养殖规模的专业经营大户、技术能手和技术干部以及具有一定威望的乡村干部。

"能人领办型"合作社是由从事运销、生产、经纪的能人大户牵头，联合从事同种专业生产的农民自发建立的农民专业合作社。这种生成模式一般是形成相对松散型的农民专业合作社，也有一小部分经过一定的发展后开始建立实体，进入到农产品的加工增值环节。这种模式下会员一般只缴纳少量的会费，依靠大户投资开展各项业务活动，能人大户是合作社的核心，对于合作社的生存和发展起决定性作用。合作社收购和推销产品通常采取买断制、代理推销、中介或保价收购等方式。

二、模式优缺点

这种模式下，牵头的能人大户一般是当地的技术或经营能手，他们在农村具有一定威望，由他们牵头成立的合作社在民主和独立性方面最优，农民的接受程度也最高。这些能人大户有较强的判断力和决策能力，降低了组织成本，有利于摆脱知识水平较低的农户的干扰。合作社带头人对新品种、新技术首先采用试种的办法，在小部分试验田进行实验，实验成功后再推广到合作社的农户中，实验的成本由带头人自己承担，减少了农户的风险。在生产过程中，新技术由合作社统一培训、指导和监控，保证了产品质量。据调查，由于决策权在合作社，农民对生产什么、怎么生产、生产后的销路都不用操心，是农户愿意加入合作社的原因。这种形式的合作社能够迅速将农民组织起来，适应市场能力强，适合我国的国情。

但是，这种模式也有一定缺点。一是由于合作社依赖于这些能人大户，合作社的健康运行需要这些有组织能力和开拓精神、热心为农户服务、懂技术会经营的牵头人作为组织的领导层，一旦这种能人出现缺位，会导致组织运行的不稳定，也就是合作社如果对“能人”过分依赖，就可能随着能人的消失而消亡。二是带头人的经营素质对于合作社的作用也相当大，如其决策失误就会造成组织的损失。三是合作社运行过程中监督难度大，有时会打击小户的参与积极性，凝聚力不强。四是有的仅局限在一个小区域发展，空间和范围受到很大限制。

因此，对于此类合作社政府应加强对农村能人的培训，让农村能人对《农民专业合作社法》有全面正确的认识，摆正自己与合作社的关系；加强对合作社的规范，帮助他们建章立制，完善分配机制；帮助引导合作社拓展发展空间和领域。

三、适用条件

此种模式需要有能人和经营大户做主导，是农民比较容易接受的一种方式，比较适合于农产品商品率较高，已经形成一定的产业规模，具有一定产业聚集度的地区。

能人领办型专业合作社多出现在我国中部的平原地带，是中部地区的主要发展模式。原因是由该地区的社会发展与资源禀赋所决定的：一是生产方式比较落后，市场经济不发达，有实力的龙头企业不多；二是农业基础雄厚，是全国重要的粮食生产基地，所以容易形成生产集群，而生产集群的出现必然会出现专业农户乃至专业大农户，并且农业服务部门在该地区有着较长的历史和良好的基础条件；三是作为组织成员的农民素质相对较低，而政府职能在该地区转变有限。由于以上原因，中部地区适合发展能人和农服部门牵头的，为农户提供采购、销售和服务的官民结合型的合作社，即能人领办型模式。

四、典型案例

（一）安化阿香柑橘专业合作社

安化县柘溪库区是湖南省优质柑橘产区，20 世纪 70 年代开始发展柑橘生产，柑橘业逐渐成为库区农民的一项致富产业。但是，受一家一户经营，规模小而分散，信息不灵，以及交通不便等因素的制约，柘溪库区柑橘产业发展速度一直较慢。20 世纪末，我国柑橘生产出现了结构性过剩，安化县柘溪库区生产的柑橘也出现了“卖难”，严重地挫伤了库区果农种橘积极性，有的橘农忍痛砍掉橘树改种其他作物。

生长在库区，长期从事柑橘种植的能人夏绪平，通过调查研究和市场分析，认识到要稳定发展库区柑橘生产，克服小生产与大市场的矛盾，提高橘农经济效益，就必须走合作经营道路。2000 年 11 月，夏绪平牵头利用自身优势组建了阿香柑橘专业合作社。率先发起的社员有 8 户，集资 50 多万元，租赁厂房 1 000 米^2，当年为社员外销柑橘 1 500 多吨。合作社盈余按交售量返利 25%，按股金分红 30%，20%留作风险基金，25%留作发展基金。随着社员的增加，合作社积极实施品牌战略，推进标准化生产，产品质量日益提高。“阿香”牌柑橘先后获得国家绿色食品 A 级产品认证并选入“中华名果”，2003 年被农业部农产品质量安全中心认证为无公害农产品；2004 年被中国绿色食品发展中心认证为绿色食品 A 级产品；2006 年被北京中绿华夏有机食品认证中心认证为有机食品。该合作社由于成绩突出，2003 年被农业部评为全国农民专业合作组织先进单位；2005 年被湖南省人民政府授予“十佳农民专业协会”称号；2006 年被益阳市人民政府认定为农业产业化龙头企业。

为扩大品牌效应，合作社改进工艺流程，投资 20 万元新建两条日加工能力 45 吨的生产线，按大小、色泽、光度等分类包装；投资 70 万元在东北举办展示会，加大电视广告宣传力度，成功抢滩东三省和新疆市场。2008 年柑橘大实蝇事件发生后，“阿香”牌柑橘在外地市场仍较畅销，售价要高出一般柑橘 0.4 元/千克左右。同时，合作社拥有自主出口权，可把“阿香”柑橘直接销往俄罗斯、东南亚等国际市场。

目前，该合作社已发展成为集柑橘生产、加工、销售一条龙，产前、产中、产后服务一体化的专业合作社。合作社创办时只有社员 8 人，截止 2009 年，社员已发展到 651 人，遍布库区的 8 个乡镇和一个林场。与合作社建立了稳定联系的农户达 4 200 多户，合作社基地规模达到 28 000 亩。

(二)温岭箬横西瓜合作社

西瓜是浙江温岭石箬横镇的农业主导产业,1999 年全镇西瓜种植面积达到了 400 多公顷。但随着西瓜产业的蓬勃发展,出现了许多新的情况、新的问题。主要表现在瓜农难以有效连接市场,出现卖瓜难;千家万户种西瓜,技术服务跟不上;提升品牌,缺乏有效的载体。

为了化解农户小规模生产与农产品大市场难以有效对接的矛盾,提高农户的组织化程度和市场交易能力,2001 年 7 月,在西瓜种植大户彭友达倡议下,种植面积在 6 670 米^2 以上并且有 3 年以上生产经验的 29 个西瓜种植大户组建起了温岭箬横西瓜合作社。合作社成立伊始,便实行培育种苗、质量管理、农资供应、分级包装、商标品牌、市场定价和运营销等六"统一",并按标准销售非社员产品。在盈余分配上,提取 10%公积金和 5%风险金后,85%盈余按股份及交易量返还社员。优质的生产服务,合理的制度安排有效调动了农户入社的积极性。2003 年合作社股金达到了 2 300 万元(2 万股),持有股金最多的 1 500 股,最少的也有 100 股。2005 年种植规模达 867 公顷,销售西瓜 2.6 万吨,销售额达到 7 820 万元,比 2000 年扩大 10 余倍,同时每 667 米^2 经营成本降低了 300 多元。打造的"玉麟"牌西瓜成为浙江著名商标,在国内外拥有较高知名度和竞争力。2005 年返还社员盈余 1 050 万元,平均增收 1 万余元,非社员瓜农增收 1 520 元。

合作社的创立和发展,切实提高了瓜农的组织化程度和西瓜产业的经营水平,增加了西瓜产业的经营效益和社员的经济收入,有力推进了合作社更好更快发展,主要的效益表现在以下几个方面。

1. 规模效益　合作社实行规模经营,西瓜生产成本、销售成本、市场开拓费用和生产服务费用大大降低,每亩降低生产成本 400 多元,规模效益显著。

2. 品牌效益 合作社实行品牌经营,“玉麟”牌西瓜在市场上有极强的竞争力,每千克市场销售价格高出其他西瓜 1.8 元多。而且市场占有份额稳步上升,品牌效应非常显著。

3. 增收效益 合作社谋求共同利益,促进农业增效农民增收作用明显。社员年人均纯收益 10 万多元,实实在在依靠农业实现了发家致富。

4. 产业效益 在合作社示范带动下,温岭市东南沿海形成了 5 333 公顷西瓜产业带,在海南、广东等地形成了温岭农民经营的西瓜产业群。

合作社规范运作、标准生产、做强品牌、统一服务,把西瓜产业的信息、生产、服务、市场营销和利益分配等几个环节紧密组合起来,提高了农民进入市场的组织化程度,实现了传统农业向现代农业的跨越,促进了西瓜经营效益显著提高,瓜农经济收入稳步增长,真正起到了“建一个组织,树一块品牌,兴一项产业,活一地经济,富一方百姓”的作用。合作社创办人彭友达也被称为“西瓜大王”,2005 年获得全国劳动模范称号。

第二节 基层组织牵头型合作社

一、模式介绍

农村基层组织具有协调生产、技术指导、市场信息服务、资金筹措与调配、协调管理等职能。客观上讲,农村基层组织有引导农民进入市场,作为农民和市场连接纽带的职责。农村基层组织具有一般普通农户不具备的资源优势,比如资金、设备、信息、技术、组织动员能力等,这些资源优势是基层组织创办农民专业合作社的基础。基层组织牵头型合作社是结合农业结构调整和本地专业生产情况,由村委会、村党支部、基层部门利用其引导优势和资源优势，围绕某一特色产业或主导产业，牵头创办的农民专业合作社。基层组织领办合作社也是其为农民服务的重要手段。

二、模式优缺点

由于基层组织是最贴近农民的村级组织，所以能够容易切实有效地发动群众、联系群众与帮助群众，并且能够有效地协助农民专业合作社为农民服务。在这种类型的合作社运行中，基层组织起到组织带动和管理服务的双重作用。

这种类型的合作社也存在一些缺陷。一是思想认识有误。部分农民专业合作社负责人或会员认为合作社的事是自己的事，在合作社规划、建设、发展等方面，基层党组织不宜插手，不愿接受基层党组织的指导，乐于“自编、自导、自演”，任凭其发展。二是发展质量不高。一些农民专业合作社发展规模较小、覆盖面窄，成员大多局限在乡、村范围内，合作社之间合作、联合“闯”市场的不多。绝大多数合作社停留在初级农产品的简单生产和销售上，参与市场竞争的能力不强，辐射带动能力差。

三、适用条件

这种形式有利于合作社的创建，但也容易遇到因执行政府的某些目标而影响合作社民主管理，因此适合农民对组织的认同感较强、主动参与管理活动的积极性高的地区。

四、典型案例

(一)天津友林农业种植专业合作社

2007 年 9 月 2 日在沙三村村委会组织下，沙三村成立天津友林农业种植专业合作社，合作社以服务成员，谋求全体成员的共同利益为宗旨，依法为成员提供农业生产资料的购买、农产品的销售、加工、运输、贮藏以及与农业生产经营有关的技术、信息等服务。天津友林农业种植专业合作社走农业组织化、规模化、机械化道路，实行统一购买农药、统一购买化肥、统一打药，而社员分户管理冬枣树，形成了农资供应、技术服务、统一销售的一条龙服务。合作社成立后，提高了生产效率，加快了新技术引进步伐，降低了生产成本，提高了农民收入。2008 年产生规模效应，由于采购量大，合作社以每千克低于市场价 0.6 元价格从供应商手中直接购进 50 000 千克二胺、50 000 千克有机肥，以每 500 克低于市场价 0.4 元价格购进叶面肥 5 000 千克，杀菌药 3 000 万千克，为社员集体打药，仅此两项就直接为社员节省投入 7 万多元。2008 年销售冬枣 120 吨，为社员人均收入增加 2 460 元。2009 年春季合作社又购进了汽动剪枝机，由原来每人每天剪枝 667 米^2 地增加到 2 000米^2。该合作社正从注重生产、销售，轻管理的旧经营模式中走出来，逐步加强制度建设，账务管理，统一品牌，加强食品安全建设，向规范的企业化管理模式发展。

(二)天津滨海明星冬枣种植专业合作社

天津滨海明星冬枣种植专业合作社，在农户自愿的基础上，由村委会扶持，成立村委会牵头的农民专业合作社，将村民从利益上连在一起，依托村委会在村里的威信，促进农民专业合作社的发展，达到富民强村的效果。大港区太平镇太平村村委会根据合作社法的要求，于 2008 年 9 月在工商局登记注册了《天津市滨海明星冬枣种植专业合作社》，领取了营业执照。合作社涉及农户 345 户，入股投资总额达 240 万元。合作社成立以来，精心组织，按照广大股东的意见高薪聘请技术人员为农户进行全程的技术指导，组织专业队伍统一为农户枣树喷施农药，搭乘邮政服务三农平台为农户销售冬枣服务活动。2008 年该合作社枣农在技术人员的指导下，根据枣树的不同类型采取产量与养树并重的原则，根据统计 70%的树木开夹结果，产量达 50 万千克、总收入达 180 万元。在管理模式上，2009 年该合作社采取统分结合的管理形式，即在技术员的指导下，由枣农自己负责树的修剪、抹芽、摘心和开夹等一系列的田间管理，合作社租用三台泵车，组成15人的专业农药喷施队伍进行作业，一般情况两天可喷施一遍农药，保证用药安全，做到高效低毒确保果品质量。2009年该合作社通过一系列的措施加大技术培训力度，继续聘用合作社技术员，利用村委会的设备讲解有关冬枣栽培种植的理论、修剪管理技术知识，利用田间地头现身说法讲解实际操作技术，使广大枣农完成由粗放管理、重视管理、科学管理的三步曲跨越。

第三节　供销社指导领办型

一、模式介绍

农村供销社自20世纪50年代创建以来，经过不断演变在各地区表现出不同发展态势，但真正"还社于民"，恢复组织上的群众性、管理上的民主性、经营上的灵活性的不多。由于没有根本解决农民社员作为其财产所有者的地位和相应的剩余控制权，因而一直未被农民认可。而且由于人才缺乏、机制僵化，其经营可谓举步维艰。随着参与农村产品流通的主体增加，供销社迫切需要按照"民办"和"市场化"的取向推进制度创新，以领办农民专业合作社为切入点，彻底改造供销社和壮大农民合作社正成为一种可行的模式选择。

这类合作社是以供销社为依托，按照合作制的原则，由供销社及其经营管理人员、村级农资经营点人员以及当地农民共同出资入股组建，凡承认社章并按规定入股即可成为合作社成员；合作社为农民提供农资、农产品销售等服务，社员按股分红，风险共担。

供销社指导领办型农民专业合作社形成的原因，一方面，在广大农村，农村供销社丰富的资源并没有得到有效利用；另一方面，要成立农民专业合作社，既缺乏领办者，又缺少原始资本金等必需“要素”。尤其在我国中西部地区，农业产业化经营水平较低，专业农户也较少，人力资本外流沿海发达地区，农民专业合作社领办者、原始资本金等普遍缺乏。供销社在这方面的条件可谓得天独厚，借助其组织网络、人力资本、信息传导等资源要素，通过领办专业合作社来改造原组织结构也就成为必然的选择。供销社正好符合合作社的四个必备条件：“首先是农民信任，其次要懂得合作社的基本原则，第三是有经营管理经验，第四有一定的经济和技术实力”。

二、模式优缺点

供销社指导领办型带动增加了收入，而且基层供销社也找到了新形势下发挥作用的大舞台，开拓了服务“三农”的新天地。缺点是供销社由于多年来形成的思维定式和思想观念，在按合作社法规范运作上需要加强引导，否则容易走上供销社发展的老路。因此政府部门加强教育培训，帮助供销社系统更新观念，解放思想，放下包袱，严格按合作社法的章程办事，实现供销社与社员增收致富双赢目标。

三、适用条件

这种模式生成的农民专业合作社组织效率较高，但是组织民主性较低，农民的参与度也一般，从目前来看，较适合作为一种补充和过渡模式，先将农民组织起来，再逐渐发展和规范，向更高级的合作社形式发展。

四、典型案例

（一）峰庄农副产品专业合作社

山东滕州市峰庄供销社 2003 年牵头组建峰庄农副产品专业合作社，重点生产土豆、毛芋头。合作社利用 60 万元社员股和供销社 1.33 公顷闲置土地，建设集农副产品收购、储存、加工、运输、信息服务为一体的农产品综合服务中心。同时依托供销社组织专门营销队伍，建立销售网络，在广州、福建等地七大农副产品批发市场设立销售网点。每年仅在广州的江南市场就销售土豆 250 多万千克。同时主动依托当地贸易公司开展产品出口业务，每年出口土豆 100 万千克，有效解决了社员产品销售难题，带动约 1 333 公顷土地种植结构的调整。对社员统一良种、农资、技术、销售服务，其中种子、农资实行保本赊销，待产品收获后交到合作社予以抵扣。对社员交售的产品以高于市场价价格收购。合作社事业稳步发展，广大社员和供销社收益日增。2006 年社员达到 130 户，1 333 公顷实现标准化种植。合作社每年为供销社增收 5 万元，土地租金和管理费达 3.5 万元，扭转了连年亏损局面。目前合作社正积极组织产品认证、商标注册，推进特色品牌经营战略，探索自营出口，加紧建设恒温冷库和毛芋头加工厂，解决集中收购季节销售困难，增加社员加工环节的利润。

(二)湛江市硇洲农资专业合作社

广东省由各级供销社组建的合作社有 74 个。湛江市硇洲农资专业合作社是在 2001 年由硇洲供销社牵头成立的，合作社社员中，供销社职工股东大约占 70%、农民股东占 17%、供销社法人股占 13%。合作社主要为蕉农提供化肥、农药和收购(代销)香蕉以及提供技术指导，其业务部门设有 4 个经营网点、2 个中心(化肥配送中心、香蕉购销代理中心)、2 个农药门市部。在农资经营方面，一方面采用与农资供应商分摊运输成本的方法，以降低成本；另一方面，建立服务队伍，为农民提供直接到田间的农资配送服务，形成了配送中心—农户和配送中心—村级销售点的营销网络。

在农产品销售方面实行让利于农、薄利多销的做法，成立购销代理中心，解决产品的销售问题，合作社参与了整个交易过程，并提供一条龙服务。例如，为客商提供免费食宿和定额减免电话费服务;经常以电函、电话等形式提供产品的供求和价格信息;代办装车、有关税费的缴交等业务;较大比例地让利客商,所收取的代理费和服务费比其他中介低40%。

坚持科技为农服务,解决产中问题。近年来该社为蕉农举办了多期农业科技指导培训班;在淡水农药门市部设立了专为蕉农介绍防治香蕉病虫害技术的咨询服务处,聘请庄稼医生为蕉农解答疑难问题,在科技培训和咨询服务中,还为蕉农赠送了农药农具使用光碟100多张、资料200多套。通过科技指导,有效提高了农民的科学种植水平,减少了投入,提高了单产。

第四节 集体经济依托或改制型

一、模式介绍

集体经济组织作为重要的制度遗产,虽然随着我国农村社会的变迁,其服务功能退化,为农户提供的服务非常有限,在农民中的影响力日益微弱,但它仍具有集体土地、设施等资产的管理功能,在为农户的生产经营服务中仍有一定份额,负责人中也不乏"能人";部分地区的集体经济组织通过产权制度改革等多种方式也得到了发展,实现了集体资产的保值增值。一些地方以其为依托促进农民专业合作社发育也取得了良好效果。

依托集体经济组织发展专业合作社的主要方式,一是依靠集体经济组织先期"输血",兴办类似于欧美"新一代合作社"的专业合作社,借以壮大集体经济实力。二是推行以土地作为股份的服务性专业合作社,按自愿原则将一家一户的土地使用权流转回归到土地合作社统一经营,合作社成为土地经营的主体,使农民分享工业化带来土地增值的成果,又使集体经济组织得以实体化。三是发挥集体经济组织在信贷担保、信息服务等方面的优势,扶持社区内的农民专业合作社成长。

二、模式优缺点

集体经济依托或改制型既能使合作社成为经营的主体，使农民分享农民专业合作社带来的利润，又能使集体经济组织得以实体化，进一步扶持农民专业合作社的发展与壮大。

但是也存在一定的弊端，由于集体经济组织缺乏法人地位，导致很多村集体不能以村经济组织名义进一步经营好自己的集体资产和实现资产的保值增值，不得不以公司的名义进行注册，在此过程中使其专业合作社在市场竞争中处于相对劣势，并且导致部分村民社员的股东权益没有得到有效保障。

三、适用条件

这种模式适用于集体经济较为明显的地区，能够容易并有效地组织农民，发挥其自身的功能。

四、典型案例

(一)百合兴盛土地专业合作社

2008 年 12 月北京金海湖镇沫水村 153 户农户在集体经济组织的倡导下，147 户自愿联合组建了北京市第一家土地专业合作社——“百合兴盛土地专业合作社”。

一般合作社是社员以货币或实物出资，而该合作社社员主要出资方式是土地收益权(不改变土地所有制关系、土地用途，不损害农民土地承包权益)，现金出资总额约 4.65 万元。社员的 8 公顷土地基本位于村西头最贫瘠的农地，以前的农民在这里种玉米的收益非常低，有的常年荒废。合作社不改变土地用途，在农户“入股”的土地上搭建了 63 个大棚，租赁给社员或有关公司种植蘑菇、百合等，同时从事与生产有关的技术培训、信息咨询服务。合作社每年按每 667 米^2 土地 550 元标准向社员发放保底金，合作社盈余则按股份分红。合作社理事长法人代表由村委会主任王学永担任，合作社决策权属于社员大会，合作社重大事务都要有半数以上社员表决。

(二)台州市黄岩富山笋竹合作社

该村针对经济落后严重制约村民收入的现状，积极想办法，以建设笋竹两用林为发展载体，先后垦荒 33.3 公顷和改种、改造传统竹林 46.7 公顷，科学栽培管理，建成了 80 公顷优质高产笋竹两用林基地，使冬笋由两三年前的“零”产量，增至现在的每 667 米^2 产 50 多千克，竹材采伐产量每 667 米^2 达到 1 000 多千克，笋、竹两项经济收益由改造前的亩产收入 200 元增加到 2 000 元。同时，畴路村成立了“富山笋竹合作社”，打造特色品牌，实行笋竹按级定价，统一生产、统一商标、统一包装、统一销售。本社从事竹笋生产和销售，主要产品注册“牛路”牌竹笋，1999 年被评为台州市优质农产品，2002 年被评为浙江省绿色农产品，素有“小黄鱼”美称。

第五节　龙头企业带动型

一、模式介绍

龙头企业主要是指实力较强的农产品加工流通企业。它们在行业中具有较强的影响力和带动力，因此称为“龙头企业”。20 世纪 90 年代以来，我国快速发展的农业产业化经营催生了一批加工和流通型龙头企业。为了确保农产品原材料供给，企业通过“公司+农户”的“订单农业”模式，即企业与农户签订收购合同。基于龙头企业和农户均为追求各自经济利益最大化的独立的市场经济主体，两者之间存在契约约束的脆弱性和协调上的困难等矛盾。面对千家万户的小农，企业交易成本居高不下，而“风险共担、利益共享”的机制又难以健全。于是，企业为降低交易成本就有了与农民专业合作社发生交易的动机。由于组建合作社需要一定成本，加上创办人供给不足，很多地方农民专业合作社发育不足，为此，一些龙头企业就开始领办或推动农民专业合作社生发。因此，龙头企业带头型一般是由实力较强的农产品加工流通企业为龙头，以契约关系和利益为纽带，主动引导农户组建或直接参与农民专业合作社，形成“龙头企业＋合作社十农户”的农业产业化经营模式。在三者职能上，一般是农户负责生产，合作社侧重联系和服务，企业侧重营销。龙头企业与合作社可以用合同关系或股份合作关系相互联合，从而将产业化经营的推进和农民专业合作社的发展结合起来。

按照加工流通企业参与组建农民专业合作社的方式不同，龙头带动型模式可进一步细分为两种形式：龙头企业组织农户成立新型农民专业合作社和“产权式”结合。第一种形式由农产品加工、运销龙头企业向原料生产延伸，引导、扶持和组织从事原料生产的农民建立原料生产型农民专业合作社，龙头企业与农民专业合作社以合同契约的关系相连接。第二种形式即农副产品加工、运销龙头企业与农户按照股份合作制结成利益共同体，其具体形式可以是龙头企业吸收农户入股或龙头企业向农民专业合作社投资入股，形成股份合作制企业，企业或农民专业合作社实行按股分红和按交易量分配。这种模式在企业和农户之间建立了紧密的利益联结体，农户可以分享农产品加工和销售环节的利润。

二、模式优缺点

这种模式龙头企业带动农民建立合作社，在企业与农户之间形成稳定的合作关系，可以同时发挥龙头企业和合作社各自的优势。对于龙头企业可以减少交易费用，保证原材料的稳定供应；对于农户，提高了农户的市场谈判地位，改变了农户对企业的依附地位，降低了市场风险，使农户能够分享农产品加工和销售环节的利润。农民专业合作社作为连接龙头企业和农户的桥梁，由其出面代表全体社员与企业谈判，有效弥补了单个农户实力弱的缺陷，减少了交易成本和摩擦成本。同时由于龙头企业经济实力强大，能够吸引数量众多的农户参合，有效提高农民的参合率，合作社作为载体，使龙头企业的技术、管理等要素延伸到农户的种养过程，提高农户的种养水平，并通过合作社约束规范农户的生产、经营行为。

龙头企业带动型也存在缺点。企业是追求利润的，企业希望能够通过农民合作社降低原材料的成本，提高企业的收益，而农民希望通过农民合作社提高谈判地位，分享农产品加工增值部分的收益，在利益分配机制上容易向企业倾斜，社员从销售、加工环节获得的利润容易偏小。二者是存在矛盾的，这是该模式缺点的根本所在。

三、适用条件

龙头企业带动型农户的参与率较高，带动能力比较强，但是组织效率一般，社员参与管理度较低，比较适合经济发达地区，已经形成一定的产业发展，具有了一定数量和规模的农产品流通、加工企业的地区。

四、典型案例

(一)山东莱阳市宏达果蔬加工合作社

山东莱阳市宏达果蔬加工合作社是莱阳市宏达食品有限公司联合果蔬大户在照旺庄建立的专业合作社。

随着出口业务的发展，为了解决公司采集农产品原料方面的难题，如原料收购面广量大成本高、原料供应不及时、公司与农户关系不稳定等，1995 年 4 月在当地政府的支持下，该公司牵头联合 283 户农民按照自愿互利的原则成立合作社。合作社注册资金中，公司折合 46.5 万元、农户折合 28.3 万元，包括 183 户的 306.7 公顷果园、100 户菜农的 146.7 公顷菜园。合作社民主产生理事会和监事会，社员以村为单位分若干组，按合作社计划种植，合作社与社员签订收购协议，明确最低保护价，同时为社员优惠提供生产信息、资金和技术服务，并按期按照规定提取公积金、公益金后，按交易额向社员返还利润。

2003 年公司开始启动农户自愿认购公司股份，部分社员出资 500 万元认购，达到公司股金的 1/3，由此把公司与农民利益紧密联结起来。2009 年该合作社社员由 283 户发展到 583 户，股金总额由 74.8 万元扩大到 104.8 万元，入社的社员涉及 20 个乡镇 100 多个村。目前，山东莱阳市将区域内主要依托有关企业推进专业合作社称为“莱阳模式”。自 1995 年以来，全市流通企业参与多个农民专业合作社组建，这些合作社的规模比较大，坚持合作社原则，实行民主管理，没有成为参与的流通企业和服务部门的附属物。流通企业推动农民专业合作社的形式多种多样；有的是国有流通企业作为发起人，联合农民组建专业合作社；有的是国有流通企业以资金、物资、设施、设备等折股参与农民办的合作社；有的流通企业通过与专业合作社外部联合，促进其拓展业务和市场。

(二)泰安市亚奥特奶牛合作社

泰安市亚奥特奶牛合作社是山东亚奥特乳业有限公司 1999 年投资 300 万元，兴办的山东省第一家奶牛合作社，按照“龙头＋基地＋农户”模式，与农民签订正式的鲜奶收购合同，由合作社监督公司和养牛户对合同的落实，使农户真正参与到公司的生产经营中来。合作社实行“四统一分一集中”，即统一领导、统一规划、统一管理、统一服务，分户饲养、集中机械化挤奶，通过建立奶牛饲养小区、建立奶站、小额贷款、设立牛奶最低保护收购价等，紧密了公司与奶农的利益连接。公司投资 60 多万元在合作社成立了专门的技术服务队，免费为入社农户提供技术指导、咨询；每年投资上百万元对入社农户的奶牛防疫检疫进行补贴；每年销售淡季(春节前后)，公司都要拿出 100 多万元补贴收购农户鲜奶，累计投入 500 万元，确保了养牛户的切身利益。这些措施极大地带动了当地奶牛养殖业的发展，奶牛养殖专业户已发展到现在的 3 600 户，存栏 5 万头，转移农村劳动力 20 000 人，累计带动农民增收上亿元，户均增收在万元以上。

第六节 科技推广型

一、模式介绍

农技推广部门是农业经济发展的直接组织者和参与者，经过长期的发展和积累，在信息、技术、销售等方面具有很大的优势，由他们领办的合作社，有其得天独厚的优势。科技单位或人员利用自身优势，以开发生产高技术含量、高质量产品为目标，发起创建的农民专业合作社。

科技推广型的合作社是指农村各类普及和推广农村实用技术的部门或团体，根据农民自身发展的实际和生产经营的需要，发挥和利用它们在信息、技术、经营场所、设备等方面的优势，牵头领办的合作社。此类也包括政府的农业部门推动而建立起来的合作社。农业科技推广型农民专业合作社的发展模式可以分为如下几种模式。

(一)"农技站＋农户"模式

这是以农技站为核心，联合本地及周边乡镇农户，按照"自愿、协作、互利"的原则组建而成，统一组织生产及销售活动，或单纯从事某一农产品的供销活动。这是较普遍的一种合作模式。

(二)"农技站＋经纪人＋农户"模式

这种形式是农技站利用在长期服务农民的过程中,形成的良好信用及群众基础,发挥场地、仓储、技术等优势,多渠道地吸纳本地一些经营意识强,市场信息灵、产品销路广的种植大户参与,与广大农户组成利益共同体。这种形式比较适合于非合同性种植、销售,且生产规模大、供销面广、农技站自身难以承担的传统产业和基地项目。

(三)"农技站＋企业＋农户"模式

这是一种集生产、加工、销售于一体的新型农民专业合作社,这种组织的运行不仅可以解决农产品销售难的问题,而且在组织内完成农产品升级和升值,实现了优质优价和利润的内部再分配。

(四)"农技站＋其他机构＋农户"模式

这种新型农民专业合作社集技术、信息、资金、组织生产、经营管理、产品销售等方面的优势于一体,抗风险能力和市场竞争力强。这种模式较适宜于有计划的组织大规模生产和销售的基地,通过为农户提供物资、技术、资金、信息、销售等一系列服务,解决生产和销售中的难题,保护和调动农户的生产积极性。

二、模式优缺点

这种模式的优点是基层农技推广部门的作用得到了充分发挥,拓展了服务的领域,有利于促进当地的农业增效、农民增收,加快现代农业发展步伐,实现农民增收与部门增收双赢。其缺点是基层农技人员少,有时会出现抓合作社与公益服务的精力和时间冲突,一定程度上影响了合作社运作的质量,影响了公益服务的开发。

解决的办法与措施是教育引导农技推广部门统筹兼顾,正确处理正常业务与发展合作社的关系,特别是要把握好合作社的类型,与部门职能相一致,从根本上减少冲突的可能性。

三、适用条件

很多农技推广部门是从上而下的纵向直线模式，和相关单位之间的关系不协调，加上各部门的专业性太强，不利于形成一个综合性的服务网络体系。因此适用于农技部门与相关单位关系比较协调、政府支持的区域。

四、典型案例

（一）巨鹿县良华中药材种植专业合作社

巨鹿县良华中药材种植专业合作社是在河北省科技厅推介下，经河北省邢台市科技局、巨鹿县科技局和安国市科技局牵头，与安国市惠农中药材良种繁育有限公司共同成立的一家示范性专业合作社。也是巨鹿县人民政府重点关注，巨鹿县科技局、巨鹿县扶贫办、巨鹿县农业局、巨鹿县林业局重点扶持的中药材种植专业合作社。合作社现拥有成员 680 多名，拥有省级专家 1 名，技术人员 3 名。2010 年，社员种植品种有脱毒丹参、脱毒板蓝根、脱毒菊花、金银花、枸杞、薏米等。社员入股方式为现金，注册登记资金 100 万元。

巨鹿县良华中药材种植专业合作社也是河北冀衡集团硫酸钾复合肥实验基地，河北恒大生物有机肥示范基地，并且承担了山东德州金满田生物有机菌肥的实验推广。巨鹿县良华中药材种植专业合作社也是巨鹿县科技局专属唯一的巨鹿县科技种植推广站，同时也是巨鹿县政府农业整合财政资金办公室下设的巨鹿县金银花、枸杞病虫害防治中心。拥有雄厚的技术力量，我社特聘我县金银花种植专家、金银花之父、巨花一号培育创始人解风岭先生为我社种植技术终身专家顾问。负责对金银花标准示范方金银花的种植管理、病虫害防治、无公害施肥、生物农药的使用等全程服务指导。

(二)雪龙肉牛养殖专业合作社

为了解决品种、肉牛饲养模式等问题,山东省惠民县家畜改良站和大连雪龙公司在相互考察、调研论证的基础上,确定以合作社的形式共同在惠民县推广雪龙肉牛。通过考察,惠民县畜牧局坚定了成立肉牛养殖专业合作社的决心,决定由县家畜改良站牵头,以全县 14 个乡镇的 80 多个冷配站点的技术人员以及养牛大户为骨干成立合作社。2009 年 10 月雪龙肉牛养殖专业合作社正式成立。

该合作社为社员提供以下服务:一是由雪龙公司无偿提供冷冻细管统一配种,并回收犊牛;二是把全县冷配技术人员纳入合作社管理接受培训,依靠冷配技术员为社员提供配种、饲喂、防疫等方面技术指导;三是帮助社员筹措资金,购买和调剂母牛;四是帮助社员解决饲草饲料种植、加工、贮存和购买等问题。

到 2011 年,已发展合作社成员 1 779 人,缴纳股金计 19.7 万元人民币。合作社为社会推广雪龙肉牛配种繁育达 12 760 头,已回收雪龙犊牛 837 头。每头雪龙犊牛可比其他品种犊牛多卖 1 000余元。就此一项可为社会创造增值效益达 1 000 万元以上。

第六章 国际与我国台湾地区农民专业合作组织发展经验

自世界上第一个合作社——英国罗虚戴尔公平先锋社1844年诞生至今，世界合作社事业已经走过近170年的历程。目前，各种类型的合作组织遍布全球160多个国家和地区，在农业领域尤为普遍。20世纪末，农业成为合作经济最活跃、最广泛的一个领域。虽然各国农业合作经济组织发展的背景和途径不同，但主要为合作社与行业协会这两种合作经济组织形式。其中，国际合作社大体可分为3种类型。

一是欧洲模式。主要特征是专业性强，即以某一产品或某种功能为对象组成合作社，规模一般比较大。

二是美国模式。主要特征是跨区域合作与联合，共同销售为主。

三是东亚模式。特点是以综合性为主，专业性农协为辅。相比之下，综合农协的销售额远远超过专业农协。

本章选取德国、法国与荷兰作为欧洲模式的典型代表，美国、加拿大作为美国模式的代表，日本、我国台湾作为东亚模式的典型代表，集中反映多个国家农业合作社的基本情况，并就其发展历程与特点进行讨论，并从中得到对我国专业合作组织发展的启示和借鉴。

第一节 德国的农民专业合作社

德国合作组织是世界合作社组织的发源地之一，组织发展至今已有一个半世纪的历史，由莱夫艾森和舒尔茨创建的合作制度和理念也早已为世界各国普遍认同，且德国合作组织有严格的制度规范。因此以德国作为欧盟国家为典型案例进行分析，具有代表性。

一、概　述

根据德国的《合作社法》的规定，合作社是社员群众共有的合作经济组织，具备民有、民享、自主、自治、自助的特征，各类合作社积累的公共资产（固定资产和自有资金）的所有权归社员集体，并由国家基本法和合作社法作保证，它具有完全的法人地位，具有独立的权利和义务。通俗点说，它是由社员群体自愿组织起来，通过"民办国助"和相互自助，促进社员经济发展的合作经济组织。其组织体系分为地方、地区、全国三个层次，地方一级是合作社，全国和地区两级是合作社联合会。至 2005 年，德国有各类合作社 1 万多个，成员 2 000 多万名。属于莱夫艾森联合会的合作社 7 000 个，成员 560 万名。其中农业（含畜牧业等）合作社 4 100 个，信用合作社 2 200 个，商业和手工业合作社 810 个。

二、发展历程

自 1864 年莱夫艾森创立德国第一个合作社——黑德斯道夫信贷合作社以来，已有 140 多年的发展历史。大致说来，德国合作社的发展可分为以下几个阶段。

19 世纪中叶至 19 世纪末为初始发展阶段。19 世纪中叶，在德国迈向农业资本主义的普鲁士农业改革中，为应付不断出现的粮食危机开始合作社运动。莱夫艾森合作社以农村为中心发展起来，首先是解决农民的信贷问题，同时兼营销售、购买和其他服务业务。

19 世纪末至 1930 年为普遍发展阶段。农业销售合作社逐渐发展起来，其任务是在较大领域中从事销售业务，并使农产品稳定地得到好售价。当时,农业合作社销售机构的建立也得到了普鲁士政府和其他德意志国家的重视以及财政支持。1930 年建立了“德国莱夫艾森农业合作社联盟”,是当时世界上最大的合作社联盟。

1930 年至 1949 年为恢复阶段。二战中,德国合作社受了灾难性破坏。二战后,原西德按照战前模式、原东德按照前苏联模式,使合作社逐步恢复,并在农产品加工和流通领域以及信贷、服务等多个领域都发展。1948 年 11 月西德地区成立了“德国莱夫艾森合作社联盟”。

1949 年至今为现代发展阶段。随着社会经济的发展,德国合作社进行了一系列既符合国内情况又适应时代趋势的实践和调整。1949 年,莱夫艾森合作社联盟获得合作社的审计权,并且建构了多层级、分权式的合作社联盟结构。1971 年 12 月,成立“德国莱夫艾森合作社国家联盟”,是信贷合作社、农业合作社和手工业合作社的最高机构。1990 年东西德统一后,无论原东德地区还是原西德地区的合作社,都面对市场经济形势进行了必要的调整和改革。

如今,德国的农业合作社遍布德国农村地区,为农民提供农产品生产、加工、销售以及信贷、农资供应、咨询等服务,成为农业产业化经营的重要组织载体。德国 80%的农场主参加了各类合作社,农业合作社的市场占有率在肉类、谷物类和蔬菜类以及奶制品类的交易中分别达到了 30%、50%和 75%。截至 2009 年 12 月 31 日,德国农业合作社共有 2 675 个,其中,农村商品和服务合作社 2 504 个,商品信用合作社 165 个,主要合作社(含莱夫艾森商品中心)6 个。农业合作社拥有合作社成员约 180 万人,占德国总人口的近 1/5,几乎所有的德国农民都是一个或多个农业合作社成员。

三、类　型

按经营业务范围划分,德国合作社分为五大类:农资供销与加工合作社(如购、销合作社,奶制品和牛奶加工合作社,葡萄酒合作社和牲畜饲养加工合作社);信贷合作社;手工业、商业和服务业合作社;消费合作社;住房合作社。德国合作社及莱夫艾森合作协会是德国合作社组织的总会和全国最高监督组织,其成员包括三大合作社集团:合作信贷银行,即大众银行和莱夫艾森银行,与农业相关的合作社以及商业与服务合作社。

四、成功经验

(一)明确的法律基础

自 1867 年德国制定第一部合作社法以来,农业合作社就一直在明确的法律基础上发生、发展、变化和调整。德国合作社法作为与公司法同等重要的主体法,是法律体系中一项不可或缺的基本法,具有综合性、不分行业地规范和调整各种不同类型合作社组织经济行为的特点。最新的《德国经营及经济合作社法》对合作社的法人地位、法律责任、社员出资、组织治理、盈余分配、法定审计、解散清算诸多问题做出了详尽的规定。

(二)严格的审计制度

德国《合作社法》规定,合作社在成立前必须经过当地审计协会的审计,成立后必须加入合作社审计协会,定期接受该协会的审计。审计内容是全方位的,不仅包括合作社的日常业务往来、资产状况,也包括合作社领导层(董事会)的管理方式和经济效益。审计结果需向全员大会报告,以便让社员了解合作社的经营情况,并对自己和合作社的利益作出正确评估和选择。合作社审计协会必须具有注册协会的法律形式,由主管地方当局授予的审计资格证书,其中至少有 1 名拥有 3 年以上审计师资格和 1 名作为质量控制审计师注册的董事会成员或特别代表。严格的审计制度一方面可支持没有经验的合作社领导的工作,另一方面也对合作社领导进行有效监督和制约。

(三)合作社之间密切协作,形成了自成一体的业务体系

德国的合作社分信贷合作社(大众银行和莱夫艾森银行)、农业合作社和商业与服务合作社三大类。按经营业务范围划分,德国合作社可分为农资加工与购销合作社、信贷合作社、手工业、商业和服务合作社、消费合作社和住房合作社等 5 种类型。各服务社之间建立固定的合作关系,在生产、加工、收购、销售、信贷等各个环节建立了自成一体和联合经营的业务网络,从而产生较好的规模经营效益。目前,德国合作社银行是德金融业的三大支柱之一,其市场份额约占 25%,在农村地区的市场占有率为 40%至 80%。德合作社银行集团下属的施豪住房储蓄银行目前是欧洲最大的住房储蓄信贷机构。德国农民一半以上的业务经销是通过合作社完成的。在商业零售领域,德国最大的食品零售超市 EDEKA 及 REWE 也是按合作社原则成立和经营的。

第二节 法国的农民专业合作社

法国是当今世界第二大农产品净出口国和第一大食品加工出口国,但在 20 世纪 70 年代前却是一个农产品及食品净进口的国家。法国农业快速发展的外部条件得益于欧盟共同农业政策,内部动因则是通过农业合作组织而实现的。法国农业部官员称:“今天法国农民的富裕,很大程度上是合作社带来的”。

一、概 述

农业合作社是法国农业生产体系最基本的组织形式,是农业发展的主要推动组织,在法国农村经济中占有举足轻重的地位。1962 年颁布的法律及其后一系列的法规,将农业生产链延伸到农业初级产品的加工和销售,确定了农业合作社走产业化道路的法律地位。法律规定:“农业合作社及其合作社联盟是不同于民事企业和贸易企业的一类特殊企业，它具有独立法人权利和完全民事权利。”农业合作社是可变资本企业。合作社不同于一般企业，其资本和社员可随时变动，理事会有权吸收新的社员以增加合作社资本，也可以因为社员的退出而减少资本。目前，法国有具有一定规模的农业合作社 3 750 余个，入社社员 130 万人，90%的农民加入了农业合作社。

二、发展历程

法国农业合作社有悠久的历史，最早的合作社可以追溯到 12 世纪的汝拉奶酪合作社。主要经历以下几个阶段。

(一)19 世纪至二战

法国的农业合作运动主要包括农业信贷合作、农业保险合作以及农业供销合作。1894 年，法国通过立法确立了农业互助信贷合作社的合法地位，建立了对农业合作社的优惠税制。此后，地方性银行和地区性银行应运而生，其服务范围从帮助农民融通资金延伸到农民教育和培训等农业社会化服务。1906 年，农业互助信贷银行开始发放由国家资助的，具有优惠条件的长期信贷，并批准向“农产品生产、保管和销售合作社”提供长期信贷。1920 年，在地方信贷合作公司和区域农业互助信贷银行的基础上，法国成立了国家农业信贷管理局，1947 年这一机构改名为国家农业信贷银行，总行设在巴黎。自此法国完成了农业信贷合作体系的建立。

法国的第一个农业保险合作社是米恩斯 1840 年创立的火灾保险合作社。它不断扩大与发展，到 1923 年政府颁发有关农业互助保险合作社的特别法，将原来适用于工商业的工作意外保险扩展到了农业方面。1925 年，法国的农业保险合作社共 4 大部门：火灾保险、家畜保险、冻雹保险、意外保险。1930 年，保险合作又成为政府在农村推行强制社会保险计划的手段，社会保险的内容包括疾病、残废、生育、死亡以及家庭津贴等项目。

1867年,法国出现了全国性的农民合作社“法国农业公司”,1883年在布卢瓦出现了第一个有完整章程的为农业提供服务的供销合作社。1920年,法国政府颁发了《相互信用和农业信用合作社法》,规定信用合作社和农业合作社为独立的社会团体,二战期间,法国的农业合作社法律日趋完善,于1943年9月通过了专门的农业合作社的法律。

(二)二战至20世纪70年代

从20世纪50年代起,第三次科技革命为科学技术领域带来了深刻变革和质的飞跃,促使整个物质生产发生革命性的变化,以服务性合作社为主的农业合作社迅速发展壮大起来,合作社的发展达到了高潮阶段。几乎所有农民都参加了各种不同类型的农业合作社。法国农业合作组织的规模和内容均发生巨大而深刻的变化,在内容上,已从单一的合作社变成“农工商综合体”企业,从事农、工、商多方面的经营活动;在规模方面,合作社正进一步向更高级的形式过渡,组成“地区联盟”,进而发展成“合作社集团”。

(三)20世纪80年代至今

1970年以后,由于资本主义国家出现了经济危机,法国的农业合作社也受到了影响。1985年,农业合作社进行第三次改革。该时期改革目的是进一步强化农业合作社提供原材料和销售的功能,以应对经济危机对法国农业的冲击。法国政府颁布了1991年1月3日法案和1992年7月13日法案,允许外来投资者(非合作社的社员)购买合作社的股份。到目前为止,法国的农业合作社已经发展成为了庞大的经济实体,从农业生产到销售出口的每个环节上都有合作社的存在。

三、类　型

法国合作社根据是否吸收存款和发放贷款,分为农业信贷合作社和非信贷农业合作社。

根据其服务功能不同，可以分为农业信用合作社（包括农业互助信贷银行、独立的农业信用合作组织）、农业保险合作社（包括农业互助保险合作社、农业社会保险合作社）和农产品生产、服务、购销合作社（包括农产品生产合作组织、农业服务合作社、农产品流通领域的合作社）。

在各类型的农业合作社内，又可以根据其组建模式，分为基层合作社（或一级合作社）和合作社联盟（或二级合作社）。基层合作社是由农业生产经营者直接参与组建的，合作社联盟是由许多基层合作社参与组建的合作社联合社。

四、职　能

法国的农业合作社由单纯的生产组织发展成为以生产组织为基础、以产业经营为主导的合作组织，规模逐步扩大，经营内容由最初的农业初级农产品生产，扩展到加工、贮藏和销售领域，形成从种植、养殖到加工、销售的产业链。具体职能包括：①农业生产资料（种子、化肥、农药）的生产、统一采购和供应；②生产过程的技术服务，包括模式化栽培，土壤成分分析，田间管理，化肥、农药使用的时间、数量指导，动物营养和保健等；③按照市场要求，统一建立农产品质量标准，对产品进行质量追踪和认证；④统一调配组织使用农业机械；⑤统一进行农产品贮藏、运输、加工和销售；⑥信息服务，包括市场信息、法律咨询等。

五、成功经验

（一）农民合作社为与一般企业不同的特殊法人形态

法国将合作社视为体现一定共同利益的特殊法人，给予特殊的经济待遇，比如在纳税方面，合作社不需要交纳公司所得税，清算时，一般企业的剩余财产要分给股东，而合作社的剩余财产则要交给能体现共同利益的组织，这都说明合作社不是纯粹意义的私法人。

(二)间接的政府扶持

合作社的发展离不开政府的大力扶持,但政府很少直接干预合作社经营,只是运用经济手段和法律手段,进行间接调控。政府对合作社的发展主要体现在扶持和帮助上,有专门机构负责管理协调合作社的事务,积极为合作社的建立创造条件,提供方便,包括经济补贴、技术指导、人员培训等。同时,政府有配套的扶持政策,包括财政贴息、税收优惠、农业投资、农业补贴、农民社会保障、农业保险等。

第三节 美国的农民专业合作社

美国是农业发达的国家,占全国总人口2.4%的农民不仅产出足够美国人消费的农产品,而且使其成为世界农产品出口大国。在现代企业制度和市场经济高度发达的美国,农业合作社经久不衰,一直发挥着不可替代的重要作用。美国农业合作社就其规模来讲是世界上最大的。根据美国农业部合作社发展局发布的农业合作社统计资料,2006年美国农业合作社数量为2 675个、社员数达260万人,因部分农民参加了一个以上的农业合作社,社员数超过美国农民总数。农业合作社当年的主营业务量(不含合作社之间的交易量)达1 105亿美元,净利润达32亿美元。农业合作社已经成为美国农业的一个重要经济实体。

一、概 况

美国的农业合作社通常称为农场主合作社,美国农业部给出的合作社定义是:合作社是拥有共同所有权的人们在非营利的基础上为提供他们自己所需要的服务而自愿联合起来的组织。它通常具有法人地位,通过其成员的共同参与来实现其经济目的。在一个合作社中，投资、经营风险、盈利和亏损都由其成员根据他们使用合作社服务的比例来合理分担。合作社是由作为使用者而不是在合作社的资本结构中作为投资者的社员实行民主管理的。

二、发展历程

1810 年，美国康涅狄格州的奶农为了更好地加工和销售生产的奶油就发起成立了奶油生产加工合作社，这是美国历史上农业合作社最早起源。接着是 1867 年成立的“格兰其”合作社。但是农场主的合作社运动损害了私人大商业的利益，因此遭到强烈的反对。1890 年美国颁布《谢尔曼反托拉斯法》，限制农民专业合作社的发展，但很快就认识美国农业不能没有合作经济。1922 年政府颁布了被誉为“合作社大宪章”的《帕卡—沃尔斯坦德法》，支持农民专业合作社的发展。后来，随着工业化进程的加快和农业机械化的发展，农场数量减少，规模扩大，农场主合作社也逐步大型化，经营管理水平不断提高。在政府和农场主利益集团的支持下，到 20 世纪 50 年代，农业合作社得到广泛发展，遍及美国主要的农业产区。

在 20 世纪 70 年代早期，美国中西部地区北达科他州、南达科他州、明尼苏达州等率先在美洲野牛、罗非鱼、食用豆、牛奶、谷物、硬质小麦等细分农产品领域出现了创新的合作社组织类型，被称为“新一代合作社”。到 20 世纪 90 年代，这一组织形式在全美各地区更多细分农产品领域得到全面推广，“新一代合作社”由于其独特的经营制度使合作社的经营活动适应了北美地区的经济环境变化，因而得以迅速发展并波及到美国其他一些州以及加拿大南部地区。增加农民收入的目的直接决定了新一代合作社是“投资—利润”取向的。与传统的合作社以服务为宗旨和广泛的服务内容不同，新一代合作社经营产品单一，是加工价值增值取向的。通常只经营一种农产品，只接受事先与社员商定的特定数量和种类的农产品，然后进行加工和销售，使其增值，并让社员分享增值的收益。由于在运行机制等方面对传统的合作组织进行了创新，大大提高了合作组织的活力和竞争力。

三、类　型

(一)销售合作社

美国的农业合作社中，销售合作社的历史最长，数量最多，实力最雄厚，在农业中的作用也最重要。销售合作社承担着多种职能，它们把许多农户的产品集中起来形成批量，进行进一步的分级整理，批量投入市场。销售合作社的经营对象包括加工和销售棉花、乳品、水果、蔬菜、谷物和油料作物、牲畜和家禽、干果、大米、糖和其他农产品。在 4 006 个农业合作社中，有 2 074 个合作社从事农产品的销售，占 51.8%，这些合作社占其市场份额的 31%，其中奶制品占 33%，粮食占 27%，水果蔬菜占 13%。

(二)供应合作社

供应合作社以合作形式向农场主供应农用生产资料，并从事相关的技术指导和维修服务。所提供的服务包括为农场提供农用化学制品、饲料、肥料、燃油、种子、汽车配件、家用设备和日用品等。在美国 4 006 个农业合作社中，有 1 458 个合作社主要从事农场所需物资的供应，占 36.4%，这些合作社供应的农业生产资料占全国的 29%，其中向农民供应的化肥占 45%，燃料占 42%，饲料占 21%。

(三)服务合作社

服务合作社涉及范围很广，主要包括医疗保健、各类保险、住房合作、水利灌溉、畜种改良、轧棉机经营、汽车运输、人工播种、仓储和烘干等业务。在 4 006 个农业合作社中，有 474 个合作社提供与营销和采购活动相关的服务，占 11.8%。农业合作社的服务为广大农场主和农村居民的生产和生活提供了极大的方便。

(四)信贷合作社

美国的信贷合作体系是由联邦土地银行、联邦中间信贷银行及生产信贷协会、合作社银行三部分组成。美国农业信贷体系的三个组成部分之间既有分工、又有联系。联邦土地银行主要是向农场主提供用于购买土地和修建建筑物等不动产的长期抵押贷款。联邦中间信贷银行专为生产信贷提供资金,再由生产信贷协会向农场主提供中、短期贷款(大部分为1年期限),以弥补农场主流动资金的不足。合作社银行是专门向农场主合作社提供贷款的信贷机构,既提供中短期贷款,也提供用于合作社基础设施建设的长期贷款,还提供用于支持农产品出口的贷款。

四、成功经验

(一)设立专门机构和专项计划支持合作社发展

联邦政府对农业合作社给予了长期不懈的支持。20世纪30年代,为了促进农业合作社发展,美国农业部就成立了负责促进农业合作社发展的专门机构,引导和支持农业生产者建立合作社。目前,对农业合作社的支持由农业部的农村企业和合作社服务局负责。农村企业和合作社服务局主要通过“合作社计划”和“企业计划”支持农业合作社的发展。

(二)农场主利益集团的大力支持

美国农业合作社的发展壮大,是与美国农场主利益集团的支持密不可分的。对美国农业合作社发展起到重要促进作用的农场主利益集团主要有农场主协会、农业联合销售集团、美国农业联盟和农产品商品协会。农场主协会主要代表小农场主的利益,1902年成立于得克萨斯州,后来扩展到美国平原州和中西部地区。农业联合销售集团成立于1992年,由1955年成立的全国农场主组织演变而来。目前,农业联合销售集团在美国35个州拥有124个汇集粮食和畜产品的销售点。美国农业联盟主要代表大农场主的利益，1919 年成立于芝加哥，到 20 世纪 90 年代，成员超过 400 万，成为美国最大的农场主利益集团。农产品商品协会即小麦协会、玉米协会等由某一种农产品的生产者组成的全国或区域性的行业协会，是 1945 年以后对国会农业立法有重要影响的农场主利益集团。

（三）发展模式创新

从美国粮食销售合作社和农业生产资料合作社的实践看，即使在今天，主张成员开放和平等对待，遵循自愿联合、为成员服务、一人一票、按交易量返还利润、限制股金分红等合作社基本原则的传统农业合作社仍具有强大的生命力。从美国粮食加工合作社的实践看，新一代农业合作社通过把农业生产者的联合与资本的联合融为一体，为实现粮食加工转化增值提供了有效的组织方式。

第四节　日本农协

日本作为农业资源稀缺的国家能够克服小生产的局限性，取得农业现代化的快速发展，与日本农协是分不开的。农林水产省数据显示全国 99%以上的农民已加入了农协，农户入社率接近 100%，农户所需的生产资料和生活资料 70%以上来自农协，许多重要农产品几乎全部依靠农协来加工、存储和运销，农户所需农业资金的绝大部分也靠农协信用部门来提供，此外，政府的行政指导与农业政策，也要通过农协系统来贯彻实施。

由于农协的合理有效运作，轻劳作、反季节、优品种、高收入成了现代日本农业的典型特征。总之，在日本，“农协”作为代表农民利益的组织，政治影响力、经济辐射力巨大，对于发展农村经济、改善农民生活、提高农民的交易地位等作出了极大的贡献。

一、概　述

日本农协是“农业协同组合”的简称。“协同”为“合作”之意，“组合”为“团体”、“组织”之意，“农业协同组合”就是农业合作组织或农业合作社。农协是根据《农业协同组合法》组织建立的，是农民在自愿、平等、互利的基础上，依法结成的代表农民利益的农业合作组织，它是具有法人地位，不以盈利为目的，从事产、供、销一体化及其配套服务的一种农民自主的民间联合组织。由于日本特殊的自然经济特点，将渔协和林协从农协中分离出来单独成立一套体系。至 2008 年，日本农协（主要指种植业和饲养业）共 794 个，设管理委员会 36 个，人员达 915 万人，其中正式会员数 506 万，准会员 400 万。

二、发展历程

1900 年，日本通过了《产业组合法》，使得农业协会的发展具有了重要的法律地位。二战中，日本农协遭到了极大的破坏。二战后，日本在美国的占领下，开始农协的重建，积极推行美国式民主，美国式民主渗透到农村改革领域，日本在 1945 年和 1946 年分别进行两次土地改革，废除了封建土地制度。自二战以后日本农协的发展经历了以下过程。

1947 年 11 月日本政府公布了《农业协同组合法》，以互助精神为宗旨，以保护和提高广大农民的经营和生活为目的，在全国范围内建立了基层农协、县级联合会和中央联合会。1956 年政府制定了《农业整备措施法》，从法律上，进一步加强了对农协的保护和援助，使各级农协在业务经营上逐步趋于稳定。1961 年，政府又公布了《农业基本法》和《农协合并助成法》，规定基层农协与市、町、村一级的政府机关联合成立农政协议会，从而确定了农协在农村经济中的领导地位，各项业务也有了很大发展。

20世纪70年代,针对日本变化的形势,农协从组织机构、商品流通形式、业务范围等方面都采取了相应的措施。形成具有市、町、村农协,到都、道、府、县农协,以及全国农协三级农协组织系统。1972年,全国购买农协联合会和全国贩卖农协联合会合并,成立全国农业协同组合联合会。与此同时,全国不少基层农协也进行了合并,并普遍增设了保险业务、信用业务、指导业务等,从而使农协的事业适应了农业形势的变化。

20世纪80年代,随着日本经济的发展,兼业农业大量涌现,专业化生产迅速发展,农村青年劳力不足。为提高农协事业的经济效益,增加农民收入,增强市场竞争能力,不少地方基层农协进一步合并,扩大经营规模。

20世纪90年代,日本农协根据农业、农村所面临环境发生的变化,开始强化组织建设以支持农业新发展,由原来的三级组织改为二级,把都道府县联合会并到中央,并将基层农协进行合并,提高农协规模和实力。全国中央会下设生产、生活、总务及金融四个委员会,分别与都、道、府、县中央会的农协经济联、共济联、福利联和金融联进行对口联系,都道府县农协只对市、町、村农协进行业务指导,是一种联合协作关系,不具有行政命令权,从而保证了基层农协的独立性和自主性。

到目前为止,农协在日本农业与农村中始终居于举足轻重的地位,各种事业活动均离不开各级各类农协组织的参与。农协为农民的社会化服务是全方位的,包括对农业生产的产前、产中、产后的全过程服务,主要包括:统一购买生产、生活资料,提供农业生产设备设施共同使用,提供从市场调研到包装销售的产前产中产后全程化生产指导,提供农产品加工、销售服务,提供存款、贷款、结算服务,组织合作保险,提供生活、医疗等服务。

三、类 型

日本每个村都有农协的基层组织,几乎把每个村庄的所有农户都组织起来,使农户与农协紧密结合在一起。目前,日本99%以上的农户参加了农协,这一比例远远超过了欧美农业合作社发达的国家。农协的基层组织是以市、町、村行政区域为单位组织起来的,称为单位农协。单位农协按其业务对象和经营范围的不同,可以再分成3种。

一是专门农协,其业务对象只限于某一特定的农业部门,例如养鸡、养蚕、畜产、园艺特产、酪农、开垦、运输等,而且只经营采购和销售,不兼营信用事业。

二是一般农协,其业务对象虽不只限于某一特定的农业部门,但不经营信用事业。

三是综合农协,其业务对象包括所有的农业部门,而且经营范围广泛,不仅包括购销、信用、互济保险、农村工业、农产品加工,还包括为农民生产生活的医疗卫生和文化事业。但通常因一般农协与综合农协性质相近,而且数目很少,所以一般都把它计算在综合农协之内。

四、职 能

(一)桥梁纽带职能

农协是连接政府和农民的桥梁和纽带,国家关于农村发展的政策与策略要依靠或通过农协来实现,政府对农业生产的保护、农业生产技术的推广普及、低息贷款发放等工作也都是通过农协来完成的。

(二)购销、信用、保险服务职能

包括帮助农民采购农业生产资料、生活用品,收购、加工、储藏、销售农产品。日本的农村供销基本是由农协控制的,农协供给农民的生产资料占农户总购买量的74%左右，农民通过农协销售的农产品达到了农民年销售额的90%以上。农协的金融机构提供吸收社员存款、优惠贷款信用服务及防备意外灾害的保险服务。

(三)教育培训和生产服务职能

农协购置大型农机具租赁给农户使用或为农户代耕；向农户提供优良品种的种苗和畜禽良种；派营农指导员向农民介绍先进农业科学技术，并设有专门培训教育部门，对农民进行技术和经营技能教育培训。

(四)社会服务职能

日本各地的农协一般都设有医疗卫生服务部门，提供医疗保健服务，还设有文化中心和生活中心，提供农民需要的各项服务。在日本政府的政策支持和农协本身的努力下，现在的日本农协的业务范围已经渗透到了日本国民经济生活的各个方面，“实际上是日本农村的生产和生活的组织者，是农村社会的支柱”。

五、成功经验

(一)法律保护与政策支持

日本早在1947年就颁布了《农业协同组合法》，赋予农协合法的社会地位并对其行为进行规范。日本农协还根据经济发展和环境变化，提议政府修改原有的法律并制定新的法律，使农协的工作有法可依，依法治社。日本农协在受到法律保护的同时也得到了政府政策的支持。主要体现在日本各级政府制定的农业政策、税收及金融政策等方面。目前，日本政府每年拨款进行农业补贴，主要用于大型水利设施的建造、农产品的价格补贴等。与财政政策相配合，日本通过为农民提供贴息、低息贷款，解决了农业资金短缺的问题。同时，政府还给农协优惠于一般私人企业的税收政策如农协的各种税率均比其他法人纳税税率低10%等。这些政策的特点是与法律保持高度一致性，促进农业向规模经营和集约化方向发展，使农民得到实惠，促进农业基地化建设和产业结构调整。不仅使政府的计划得以实现，也保证农民得到实惠。各种政策对农协的扶持，使农协的发展具有了强大的后劲。

(二)农民的积极参与

日本农协把分散农民组织起来，以共同组织生产，进入市场为宗旨，不以盈利为目的，坚持服务第一，得到了广大农民的拥护。农民踊跃参加农协，服从农协的指导，保证了农协发展有坚实的基础。这在农协成立之初表现得最为明显。只是在进入 90 年代以后，由于受国际国内经济发展的影响，加上日本农协自身暴露出的一些问题，才使农民对农协的依赖程度有所下降。

(三)农业科学技术的普及与人才的培养

日本政府一贯重视农业科研与推广工作，通过正规教育和社会教育并举的办法，采用灵活多样的方式培养农业科技人才。农协也建有完整的教育培训体系，用协同共济的精神培养农协人才。国家设有农协中央学院，各地方有 41 所农协大学及各种研修中心。农协有严密的科学研究体制，向农民普及农业技术和科技新知识，传播农业经营、市场动向、品种改良等信息的农业经营服务业和农事改良普及实业(如农业试验场，农业技术普及站等)。

综上，我国农业与日本有相似的地方，如人均占有耕地少，实行家庭经营等。在家庭经营制度框架下，如何使农业生产更加适应市场化要求，增加农民收入，应对激烈的国际竞争，是我们必须面对且无法回避的现实问题。国内外的实践反复证明，农民贫穷时有困难，富裕后仍有困难；生产工具落后时有困难，机械化、电气化后也有困难。这些困难，往往是一家一户无力克服的。这需要联合，靠不同形式的、不同规模的联合与合作去解决。关键是怎样引导农民去联合，合作组织在不同社会制度、不同经济发展水平的国度里都发挥着联合的作用，但其原则内涵、运行机制、服务功能等都会因经济社会环境的变化而不断改革。因此，我国农民合作组织的发展，也应该在充分利用现有资源基础上，进一步深化改革，大胆实践，不断探索符合我国国情的发展道路，才能保持其强大的生命力。

第五节　我国台湾地区的农民合作组织

台湾农业在发展的过程中，农民合作组织扮演着很重要的角色。它构成了政府与农民间的桥梁，也是农业发展的引导者，对农民权益维护以及农业生产技术的改进和农民生活水平的提高均有很大的贡献。在农民合作组织发展进程中，我国台湾地区有很多理念和实践经验、做法，很值得在推动农民合作组织发展工作中重视和借鉴。

一、概　述

台湾地区开展农民合作组织，保护农民利益，解决“三农”问题，并取得了瞩目的成就。台湾地区的农会、合作社都有上百年的历史和成套的规范。经验集中到一点，都是先由政府立法引导、推进农民组织的构建，政府与农民组织长期合作，以农民组织作为中介，形成政府—农民组织—分散的小农户的协作链，将小农户带进现代化。

台湾地区农业组织几乎将全岛农民联合在一起，形成整体规模优势，如建设会员共同利用的农业仓库和农业产品加工中心等设施。台湾地区通过组织小农户团结成整体，组建共同的营销网络等，克服了个体生产下竞争力不强、应对风险乏力、拓展市场无序等问题。台湾地区的农业合作组织包括农会、合作社、合作农场、产销班等多种形式。

二、发展历程

台湾地区的农业合作组织起源于农会。1900 年，台北三峡镇的一些佃农为降低地租，自发地联合起来，共同对抗地主，建起了台湾地区历史上的第一个农会。随后其他地区也相继效仿在乡镇建立农会，并逐步扩大业务，开展共同购买农产品、经营农业仓库与农产品运销等活动。1908 年，总督府公布《台湾农会规则》，将农会由农民自愿、自由结合的团体变为政府依法强制组织，为政府办理农政业务的会社。《规则》涵盖了合作社的部分经济业务。

农会组织成立几年后，农业合作社就出现了。它是从信用合作开始，解决社员经营中遇到的资金短缺问题。在这种情况下，台湾地区政府效仿日本的以信用合作社为中心的乡镇合作体系，于 1913 年将日本的“产业组合法”(合作社法)经过部分修改后形成“台湾产业组合规则”在台实施。按此规则，合作社设立在乡镇一级，并在县一级设联合社。

1944 年二战结束前，为挽救因侵略战争所造成的经济危机，强化对台湾地区的统治，日本殖民当局公布了“台湾农业会令”以及实施细则，将原有的农会、渔会及 400 余家农业信用合作社合并为一个单元性的农业组织，即农业会，并将该组织改为省、县、乡三级制。1946 年，国民党政府收复台湾后，按照大陆合作社与农会分立的体制，将农业合作社从农业会中分离出来，恢复原有组织体系，使其独立存在、自由发展，开展农用品供给、农产品运销和信用等业务，农会则建立起省、县、乡三级制，主要履行农事推广、农民服务等农政事务的职能。同期，台湾省“行政长官公署”颁布了“台湾省公有耕地放租办法”，规定放租的 10 万余公顷公有耕地(约占当时台湾总耕地的 10%)一律放租给合作农场使用。从此，台湾地区的农业合作又出现一种新的形式：合作农场。

1949 年，将各乡镇合作社再次合并到同乡镇农会中，恢复日统时期的统管制。经过这次再合并，乡镇农业信用社成为乡镇基层农会的信用部，农业合作社的发展遭到严重打击。这种状况一直持续到70年代中期。1974年，在当局大力推行“加速农村建设”政策的背景下，1974年废止了“农会暂行办法”，当局逐步认识到推行农业合作社有助于扩大农场经济规模，加速农业机械化进程，改善农业经营，提高农业生产力，促进政策目标的顺利实现，先后出台了“辅导农业合作社、场改善经营计划”、“辅导合作农场推行合作经营计划”等有关方略，开始辅导设立各种专业性的农业合作社及综合性的合作农场。台湾地区农业合作社及合作农场发展很快，1987年205个，1996年474个，2002年底，台湾地区农业合作社及合作农场有538个。

台湾地区的农业产销班产生于1970年，其前身是共同经营班，此后，在不同的农业计划中，有不同的组织名称，包括产销班、共同经营班、共同运销班、代耕班、共同作业队、精致农业班等。虽然组织名称繁多，但都含有现代化农场经营理念。1992年10月，农业管理部门颁发《农业产销经营组织整合实施要点》，选定蔬菜、花卉、果树、毛猪、肉鸡、蛋鸡、养殖水产品等七项产品作为整合农业产销班的重点，由各县、乡农会或合作社、合作农场指导，并提出广告词：“农业产销班——台湾农业的新希望”。1993年3月台湾地区“行政农业委员会”将现有各种组织班队予以整合，统称农业产销班。截止2007年，台湾地区整合的产销经营班约6 000余班，班员近12万人。

三、类　型

台湾地区的农民合作组织主要有以下4种形式。

(一)农　会

按“台湾农会法”建立起的农民组织，其宗旨为保障农民权益，提高农民知识技能，促进农业现代化，增加收益，改善农民生活，发展农村经济。农会主要从事公益性推广事业、经营性经济实体和农村金融服务活动，具有农业推广、供销、信用及家畜保险几大业务功能。

(二)合 作 社

按照台湾地区的合作社法，合作社可依据经营业务、责任制度、合作社组成单位分类。按经营业务分为专营性合作社与兼营性合作社：专营性合作社是经营一种业务的合作社，主要有农业生产合作社、农产品运销合作社、农用物资供给合作社、农业生产设备利用合作社；兼营合作社是同时经营两种或两种以上主要业务，主要有区域性合作社、保证责任合作社和无限责任合作社。按合作社组成单位可以分为自然人为主的单位社和由单位社或合作社联合组成的联合社。

(三)合作农场

合作农场在组织架构和章程上都与合作社类似。多数合作农场实行代耕制，即农民在保有土地所有权的前提下把土地交给农场，打破田埂，由农场雇工实现机械化统一耕作，农场在向农民核算成本和管理费后，土地上的收获物归农民。农场盈余的分配也和合作社一样提取股息、公积金、公益金，再参照场员提供的交易数量进行分配。所以，合作农场也可以说是一种合作组织形式，实际上，一些以粮食生产为主的农业合作社也是按合作农场的模式委托经营的。

(四)农业产销班

农业产销班是农民自愿组成的生产及营销组织，是目前台湾地区最基层的农民组织团体。农业产销班不是独立法人，依托农会、合作社等组织开展活动。由农会、合作社进行辅导，通过宣传、教育和完善公共服务设备等工作，对产销班进行帮助和引导。

四、功　能

农会是为分散农户提供产前、产中、产后综合性服务的农民团体。农会主要从事公益性推广事业、经营性经济实体和农村金融服务活动，具有农业推广、供销、信用及家畜保险几大业务功能。农会是农产品批发市场重要的交易主体，水果、蔬菜等产品的交易量占到50%左右。农会盈余主要来自经济实体和农村金融服务，法律规定农会盈余的62%要用于推广事业，保证了农会作为公益法人，不以营利为目的。

合作社的主要功能为树立品牌，共同运销；提供市场行情和产销信息；供给农药、肥料及产品包装用箱；检验水果、蔬菜的农药残留量；指导社员改善生产技术；培训教育，提高社员的素质。

产销班主要功能：以共同运销为核心，使分散经营农户实现共同经营及产销一体化，实现一定规模的企业化经营，达到了提高品质、创立品牌、增加收入的目的。产销班的运作还起到了以下几个作用：一是共同利用生产设备及劳动力，降低了生产成本；二是引进和推行现代化的生产经营技术，提高了农产品品质；三是集中办理共同运销，做到均衡供货，增强竞价能力；四是班组织的运作及训练培育了一批现代化的农民及领导人才。

五、成功经验

（一）多种形式的合作组织

多样化的农民合作组织与台湾地区特有的历史背景有关，更与农业生产经营形式以及农民的多样需求相适应。台湾地区农业是一个高度市场化的产业，农业专业化分工越来越细，农业生产产前、产中、产后服务环节越来越复杂，农业生产的经营形式以及农民需求也更加多样化，这必然要求农民合作组织探索多种类型组织形式。从农民合作组织成长发展的实践看，各类合作组织是受农民欢迎的组织方式;市场经济越发达,各类农民合作组织普及程度越高。高度市场化的现代农业产业体系必然要求一个完善的农民合作组织体系,把分散农户组织起来,提高农民在市场中的经营地位和竞争能力。尊重农民的意愿,着力提高农民的组织化程度,可以走出一条小农户、大市场、高效益,适应现代农业发展需求的路子来。

(二)健全的法律与政策

台湾地区各类农民组织特点不同,运行机制各不相同,但都是依据有关法律法规开展活动。《农会法》明确农会是法人,并规定了农会的宗旨和 21 项具体任务及农会的主管部门。《农会法》对农会的设立、会员条件及内部机构、运作程序等都作了详细规定。

台湾地区的《合作社法》规定合作社是法人,它不以营利为目的、以共同经营谋求社员经济利益。合作社遵循以下原则:自愿入社,自由退社;一人一票制;限制股息分红,年息不得超过 10%;盈余按社员交易额返还;发挥合作组织功能,扩展合作经营规模,强化服务。

产销班不是独立的法人,它依托于农会、合作社等组织开展活动。1992 年制定"农业产销经营组织整合实施要点",规范了产销班的组织和活动范围,明确由农会等组织进行辅导,通过宣传、教育和完善公共服务设备等工作,对产销班进行帮助和引导。产销班班干部由民主选举产生,各班都有公约,内容包括交纳班基金、遵守班规、不迟到早退和遵守生产技术规范、用药规定、安全采收确保产品质量等,保证产销班健康发展。

(三)共同投资、共同经营和共同运销

台湾通过共同投资、共同经营和共同运销克服了分散小规模经营农户的诸多弱点,使小农经营的农户联合起来,成为有规模的企业化经营。台湾农民由于经营面积小,产品数量少,形不成批量,在市场的交易过程中常处于比较不利的地位。通过建立合作社和农业产销班，扩大了经营规模，并透过现代化的企业经营管理，使小农生产具有企业化的经营效率，降低生产成本，提高了市场竞争力。

第六节　发展经验借鉴

农民专业合作社在当今世界农业发展中扮演重要的角色。在世界农业合作社发展的浪潮中，逐步形成的欧洲模式、美国模式和东亚模式三大主流模式既有共性，也存在明显差异。本节首先对三种模式进行比较分析，并提出我国从中借鉴的经验。

一、三种模式比较

世界三大主流模式在发展过程中存在很多相同之处，也存在明显的差异。

(一)共性分析

1. 政府政策支持和立法保护　上述国家(地区)政府对农民合作组织无一例外地采取了积极支持的态度：一是建立健全有关法律、法规，为农民合作组织的健康发展创造前提条件。美国1926 年就已制定了合作社销售法；德国在 100 多年前的 1898 年颁布了合作社法，其后多次修改、补充和完善，已成为与公司法同等重要的主体法；日本政府先后颁布了《农业协同组合法》、《农协助成法》等法律。二是政府实施优惠的经济政策，对农民合作经济组织的发展给予财政、金融等经济支持和税收减免等。如德国政府为支持合作社的发展，对合作社用税后利润进行投资的部分免征所得税；支持信贷合作社向农民提供低息贷款。日本支持农协开展信用事业，政府部门给予贴息贷款或无息贷款等以确保农协的资金来源；在税收政策上，规定农协各种税收均比其他法人纳税税率低 10%左右。总之，纵观各国(地区)农业合作社的发展都离不开政府的支持与立法的保护。

2. 发展趋势相同　上述国家(地区)农民合作组织形式的发展过程中,农民合作组织不断向多元化方向发展,已不再限于农产品加工销售领域,形式多样、各具特色的农民合作组织遍布农村各地,几乎涉及农民生活的各个领域和农业生产的各个环节。如,法国的农业信用合作社、农业保险合作社(包括农业互助保险合作社、农业社会保险合作社)和农产品生产、服务、购销合作社;加拿大的农业合作社、金融类合作社、消费合作社、服务合作社、生产合作社等等。

主要趋势包括以下方面一是纵向一体化。通过延伸产业链,把农业产前、产中、产后都连接起来;二是横向一体化。通过专业合作组织的合并与改组,形成综合性的合作组织,提升合作组织自身的竞争力;三是营利性倾向趋强。现在各国的新型合作社,都程度不同地偏离了传统的合作社原则,如合作社中非社员人数增加,理事会的控制力加强,这使农民合作组织的合作性减弱,营利性趋强。

3. 以农户家庭经营为基础　各国的合作社都是建立在农户或家庭经营的基础上。加入合作组织的成员的生产资料和财产的所有制性质不变,农户或家庭农场仍然是自负盈亏的独立经济实体,其土地及其他生产资料仍为农民私有,丝毫不改变财产所有制关系。在生产经营上,农户或家庭农场仍拥有完全独立自主的经营决策权,不受合作组织的任何干预,只是在需要的活动领域内才进行农业合作。严格地说,合作组织对其成员不具有支配和管制的职能,只是通过开展业务活动对其成员进行指导和服务,二者在法律上和经济上地位都是平等的。

(二)差异分析

尽管三种模式之间存在很多相同之处,但是,由于各国(地区)的国情和农业发展道路不同,农业合作组织发展的具体模式也存在着很大的区别,见表 6-1。

表 6-1　三种模式比较

	欧洲模式	美国模式	东亚模式
时间	1844 年	1810 年	1900 年
起源(背景)	工业革命	西部开发和美国废奴运动	资本主义发展与农村封建土地制度的矛盾
特　点	市场驱动 内生型 自下而上	市场驱动 内生型 自下而上	政府驱动 外生型 自上而下
类　型	专业合作社	专业合作社	综合合作社
与政府关系	独立	独立	依附

1. 兴起时间与背景不同　从兴起的时间和背景上看,三种模式在不同的历史背景中诞生,这也决定了三种模式是为解决不同的社会问题而出现的。

欧洲模式最早是英国 1844 年的罗虚戴尔公平先锋社,那时欧洲正处于工业革命时期,农业生产更多是为工业化大生产服务,工业资本对农业的侵蚀使得分散化的小农生产不能与大资本对抗。同时,由于土地减少导致粮食危机凸现,使政府和农民需要调整农业经营方式,为工业提供原材料和产品销售市场。

美国模式最早追溯到 1810 年,这一背景最关键的是美国从 18 世纪末至 19 世纪末对西部进行开发和拓殖。同时,开始的废奴运动打击了南方的奴隶主,削弱了南方的奴隶制,为美国自由资本主义的发展提供了更多的自由劳动者。可以看出,美国兴起农业合作组织基本上是为美国自由资本主义发展服务。

东亚模式的产生则与西方完全不同,从 1900 年日本通过《产业组合法》起,落后于西方接近 100 年,在日本"明治维新"后封建土地所有制依然存在,资本主义发展与农村封建土地制度之间的矛盾难以调和，因此，政府建立农业协同组织，其根本目的在于调整资本主义与封建土地制度之间的矛盾，稳固土地改革的成果，推动资本主义在日本的发展。所以，日本农协的产生不是资本主义内部大生产与小生产矛盾冲突的结果，而是封建地主和资产阶级对立的生产方式相互调和的产物。

2. 特征不同　由于欧洲、美国和东亚处于不同的地域，也有不同的文化背景，因此这三种模式虽然具有相同的特征，比如都遵循现代合作组织一些共同的特点等，但是这三种模式在特征上的差异也相当明显。

欧洲农业合作组织是农民在资本主义市场经济条件下，由农民为了维护自身利益的内在需求引发的，是农民自下而上推动和发展起来的一种典型性模式。同样的，美国历来都有结社的传统。法国学者托克维尔很早就观察到“美国是世界上最便于组党结社和把这一强大行动手段用于多种多样的目的”。同时指出，美国除了依法以市、县、乡、镇为名建立的常设社团以外，还有许多必须根据个人的自愿原则建立和发展的社团。

东亚模式相对于欧洲和美国模式具有明显的滞后性，这种滞后性根源于东亚历史发展的现实。东亚发展相对于西方国家处于后发地位，同时，东亚地处儒家文化圈，资本主义相对于西方发育不充分，封建土地制度在土改后没有根本的变革，资本主义发展与农村封建土地之间的矛盾难以协调，农协作为一个协调二者之间矛盾的组织在日本得以发展。这说明，东亚模式是一种依靠政府通过有意识的自上而下的外部推动发展起来的。从这一点可以看出，东亚模式显示出完全不同于欧洲和美国模式的特征。

3. 类型不同　欧洲模式和美国模式突出其专业特性，都强调其专业的特征，因此，欧洲模式和美国模式更多的是以专业合作社而闻名。以荷兰为例，传统上，荷兰政府对农业生产的干预较少，农业生产更多依靠市场调节，市场的强势和单个农民的弱势，使得农民在原材料的购买、农产品生产和销售上处于弱势。因此，荷兰农业合作组织承担的职能主要是扭转农民在市场的弱势地位，增强农民抵抗市场风险的能力。美国的农业特点与荷兰略有不同，美国农业农场规模大、商品化和专业化程度较高，美国模式的农业合作组织为美国农业提供产前和产后服务。这种模式不仅满足了农民的需求，也能够保证农民的经济利益，使得美国的农业合作组织更多地反映出专业性特征。同时，美国近年来大力发展新一代合作社，创新了合作社的主要运作机制，提高了合作社的竞争力，进行跨国交易，成为国际农产品市场的重要竞争主体。东亚模式则完全不同于欧洲模式和美国模式，是一种综合性的农业协会。“协同组合”型的合作道路是日本实现农业现代化的重要经验，不仅影响于农业产前、产中和产后等环节，并且农协同组合也进入农民生活领域，对其生活方式有很大影响。

4. 与政府关系不同 美国模式更多地反映出农民自身结社的需要，而不是政府强加的，因此，美国模式也是独立于政府的组织。东亚模式则呈现出另外一番情景。从起源上可以看出，东亚模式本身所要解决的问题与其他两种模式是不同的。东亚模式则是政府有意识地引导，甚至是强制推行的。这就决定了其独立性较差，更多地成为一种依附于政府的组织，或者可以称之为在农村中的“第二政府组织”。日本以立法的方式建立农业协同组合就是为了国家利益服务的，也是日本政府推行其政策的重要工具。二战以后，在土地改革和农村民主化的背景下，农协的独立性有所增强，但是，日本农协仍具有典型的二重性，既是农民为保护自身利益而自发建立的群众机构，又是日本政府借以推行农业政策的中介机构。

二、经验借鉴

通过上述5个国家(地区)农民专业合作社的三种主流模式的

介绍，可以发现我国与其他国家（地区）相比，农民合作组织还存在一定的差距，因此有必要借鉴其发展经验，提高我国农民合作组织的市场竞争力。

（一）加强法规制度建设，制定《农民专业合作社法》配套法规政策

国外及我国台湾地区农业合作社的发展历程和经验表明，明确的法律基础是农业合作社健康发展的重要条件。目前，我国《农民专业合作社法》已经颁布实施，同时，要尽快出台法律规定的农民专业合作社产业支持、税收优惠、信贷支持等配套法规制度。考虑到我国各地情况差异，各地要紧密结合本地实际，加快地方立法进程，抓紧研究制定《农民专业合作社法》实施办法，将一些行之有效的扶持政策法规化。

（二）尊重农民的意愿与选择，走政府推动和农民自发相结合的发展道路

国际合作经验表明，各级政府主管部门在合作组织的组办过程中，主要采取适度引导，尊重意愿的原则。只要是农民愿办、能办的，就放手让农民办；农民愿办但暂时无力办的，积极创造条件引导农民办；农民不愿办的，切忌强迫命令农民去办。从日本和我国台湾地区经验看，政府资源在农民合作组织发展中起着重要的推动作用，不仅仅体现在法律制定和宏观指导上，也体现在基层政府组织对合作组织萌芽培育和发现，以及在成长过程中指导和具体业务委托等方面，这是与东亚文化的特点相适应的。对于我国来说，农民专业合作组织的发展不能走欧美国家完全自发化、市场化的道路，应该在农民自愿的基础上，坚持走政府推动和农民自发相结合的发展道路。

（三）恪守国际合作基本原则，走准企业化发展之路

在上述成功国家的农业合作组织实践中都严格地恪守基本原则，并依本国实际形成了一套较为有效的内部经营管理制度。我国迫切需要借鉴这些国家资本联合的方式,对传统合作组织系统进行改革创新。即通过社员承购大量股份的办法,从社员中获得大量资金;还通过发行优先股等机制,吸引外部资金的投入,提高合作组织的资金实力;另外,坚持合作经济为社员服务,不以营利为目的宗旨,并不排除在对内服务过程中收取一定的费用和对外经济往来中的盈利。

目前,我国农民专业合作经济组织大部分是实行入社自由和退社自愿的原则,而且强调资本报酬有限的原则。使得合作组织对外部资金缺乏吸引力,资金只能由社员入股资金组成,受股份分红的限制,社员人数有限,合作组织资金实力非常弱小,影响了合同的履行实施,难以有效地开展各种经营活动,降低了农民专业合作经济组织的资信水平;只有整合组织资本和劳动,才能在市场竞争中形成强有力的实体与市场上强势集团相抗衡。所以不仅在中国,就是在合作组织发源地欧洲,“纯种”的合作组织也是很难找到的,或多或少出现合作组织偏离广大社员的利益向商业化倾斜的现象。只要能够贯彻自愿、民主、互利的基本原则,体现合作组织的规定性,承认国际合作联盟公认的基本章法,它就是合作组织。因此,借鉴其他国家的经验,走准企业化之路,是现阶段我国农民专业合作经济组织体系发展变迁的方向。

(四)在原有模式的基础上,不断创新与改革

在农民专业合作经济组织的不断发展过程中,一种模式是不能适应市场需求的,或者说是不能促进农民自身的发展的,需要不断地创新与改革探索出新的模式。例如美国新一代农业合作社通过把农业生产者的联合与资本的联合融为一体,为实现粮食加工转化增值提供了有效的组织方式;加拿大在90年代初,为了适应市场发展的需要出现的一种在社员资格、社员交易额和社员股金等三个基本方面有重大突破的新型的合作社——新一代合作社等。因此我国要根据市场发展的需求与农民的发展,新一代合作社不失为我国(特别是较为发达的地区)农民专业合作社一种比较有效的可能选择。

(五)因地制宜,探索中国特色的农民合作组织发展路径

随着国际市场一体化和市场竞争的加剧,农民专业合作经济组织开始了一系列适应市场竞争的组织创新。如,进行横向合并和纵向一体化;推行股份合作制;改革公共积累制度,将公共积累记入个人账户或配股到人;区分合作组织的经营项目等。从其他国家合作组织发展的实践来看,从区域自然、经济、社会等发展的实际出发,因地因时制宜,循序渐进的发展是成功经验之一。

由于我国不同区域的自然、经济和社会经济发展水平的多层次性,决定了各地合作组织的创建和发展不可能采用统一模式,要因地因时制宜,尊重农民的创造,坚持多种形式共同发展。同时,农业生产经营的生物性、地域的分散性以及规模的不均匀等,也要求灵活多样的经营组织和机制。总之,只要有利于保护农民利益,增加农民收益,有利于建立有序的市场体制,有助于消除区域差距,促进区域经济社会的协调发展就应允许其自由发展。

例如,沿海经济发达地区及大中城市的郊区可率先采用“龙头企业+合作组织+农户”的合作模式,不断加大有偿服务,逐步形成城郊型、外向型、市场化、产业化的格局。如,海南省则根据当地的气候特点和地理条件加快农产品批发市场和信息网络建设,在内地大中城市和港澳特区增加销售网点,积极推进农产品物流配送和电子商务,通过大力发展运销中介组织和专业大户,提高农民运销组织化程度;江苏省由于常规作物收益较低,通过改善农产品品质来增加农业的收益,把发展畜禽水产养殖和特种经济作物等高效农产品作为重点。农民专业合作经济组织的任务主要就是通过订单和项目的开发,寻找高收益的项目,通过技术传播、特色市场、出口贸易等途径增加农民的收益;西部经济不发达地区主要以政府扶持的无偿服务的“政府+协会联农户”的合作模式为主,逐步向有偿服务的“龙头企业＋合作组织＋农户”过渡。如，新疆维吾尔自治区棉花生产加大了品种和布局调整力度，坚持草原畜牧业、农区畜牧业和城郊畜牧业并举，重点发展农区畜牧业的方针，实施以牧民定居和家庭牧场相结合的方式发展牧区。农民的合作就不能偏离本地特色，应当从棉花生产和销售及畜牧业的生产链上进行联合；中部地区应突出多元化的合作模式，因地制宜采取一种合作模式为主，多种合作模式并存。

第七章　我国对农民专业合作社发展的支持政策

第一节　支持政策

政府对于农民专业合作社的支持主要是使用各种政策工具，改善合作社的外部市场环境、提升合作社为社员提供服务的自助能力和合作社的市场竞争力，促进市场的充分竞争，而不是代替合作社参与市场竞争。国内外的经验表明，任何以政府资金扶持来代替合作社自助能力提升的行为，其后果都是使合作社的发展过度依赖于政府的外援，最终造成合作社的异化、无法独立发展，乃至蜕变为官营机构。

《农民专业合作社法》专门设立“扶持政策”一章，明确了在产业政策倾斜、财政扶持、金融支持、税收优惠等方面对农民专业合作社给予扶持。支持农民专业合作社增强自我服务功能，支持专业合作社开展教育培训活动，支持专业合作社开展标准化生产、专业化经营、市场化运作、规范化管理，提高农业组织化程度，促进农村经济发展。目前，全国已有 28 个省（自治区、直辖市）制定了专门文件，明确了财政、税收、信贷、用地、用电、人才等方面的支持政策。逐步完善的政策支持体系有力促进了农民专业合作社快速发展。

一、支持政策的历程

为了明确国家支持农民专业合作社的基本政策，为其发展创造良好的政策环境，《农民专业合作社法》第八条规定，国家通过财政支持、税收优惠和金融、科技、人才的扶持以及产业政策引导等措施，促进农民专业合作社的发展。同时，国家鼓励和支持农业企业、农业科技服务组织、科研教学单位等社会各方面力量，为农民专业合作社提供政策、技术、信息、市场营销等服务。党中央、国务院历来高度重视农民专业合作社的发展，支持农民按照自愿、民主的原则，发展农民专业合作社。党中央、国务院对农民专业合作社的发展作出了一系列重大决策，各年份的中央"一号文件"与政府文件中都对促进农民专业合作组织发展作了具体部署，要求中央和地方财政要安排专门资金，支持农民专业合作组织开展信息、技术、培训、质量标准与认证、市场营销等服务；对专业合作组织及其所办加工、流通实体适当减免有关税费；建立有利于农民专业合作社发展的信贷、财税和登记等制度。

（一）1978—1989 年的政策探索和初步发展阶段

改革开放初期阶段，广大农民从生产中的实际需要出发，在实践中自发形成了一些合作经济组织，对于这样一种新型的经济组织，相关政策以积极的姿态进行着探索和引导。

由于农民专业合作社经济组织的发展还处在探索阶段，因此，在 20 世纪 80 年代，对于农民专业合作社的规范也处在起步阶段。例如，《中共中央国务院关于进一步活跃农村经济的十项政策》中就规定："各种合作经济组织都应当拟订简明的章程，合作经济组织是群众自愿组成的，规章制度也要由群众民主制订。"

这一时期的相关政策如表 7-1 所示。

第七章 我国对农民专业合作社发展的支持政策

表 7-1 1978—1989 年关于合作经济组织的主要政策

时间	名称	具体内容
1982 年 11 月 30 日	政府工作报告	随着联产承包责任制的推行、专业户、重点户的大批涌现,农村商品生产的日益发展……进行专业化、社会化的合作
1983 年 1 月 2 日	当前农村经济政策的若干问题(中发〔1983〕1 号)	适应商品生产的需要,发展多种多样的合作经济。近年来随着多种经营的开展和联产承包制的建立,出现了大批专业户(重点户),包括承包专业户和自营专业户
1984 年 1 月 1 日	中共中央关于一九八四年农村工作的通知(中发〔1983〕1 号)	政社分设以后,农村经济组织应根据生产发展的需要,在群众自愿的基础上设置,形式与规模可以多种多样,不要自上而下强制推行某一种模式
1985 年 1 月 1 日	中共中央国务院关于进一步活跃农村经济的十项政策(中发〔1985〕1 号)	按照自愿互利原则和商品经济要求,积极发展和完善农村合作制
1986 年 1 月 1 日	中共中央国务院关于一九八六年农村工作的部署(中发〔1986〕1 号)	农村商品生产的发展,要求生产服务社会化。因此,完善合作制要从服务入手……不同内容、不同形式、不同规模、不同程度的合作和联合将同时并存
1987 年 1 月 22 日	把农村改革引向深入(中发〔1987〕5 号)	要支持农民组织起来进入流通。各有关部门均应给予热情支持和帮助。供销社要按照合作社原则,尽快办成农民的合作商业组织,完善商品生产服务体系

续表 7-1

时间	名称	具体内容
1988 年 3 月 25 日	政府工作报告	国家要随着国力的增强逐步增加农业投资，地方财力要更多地用于农业，特别要积极引导乡村合作组织和广大农户增加对农业的积累和投入，增强农业的自我发展能力

(二)1990—1999 年政策快速发展阶段

20 世纪 90 年代初，国内制度环境发生重大变化，给农民原有的生产经营方式带来不少新问题。原有的合作组织形式面对制度环境的变化和新问题，也进行了重大调整。农民专业合作经济组织的发展步入了一个快速发展的时期。经过了近 10 年的发展，农民专业合作经济组织在我国的广大农村已经有了一定的基础，这一时期的政策法规，就是在这样的积淀之上逐步调整和丰富的。

20 世纪 90 年代，我国出台了一些针对农业生产的税收优惠政策，这些政策也促进了农村合作经济组织的发展。例如，1994 年财政部、国家税务总局《关于企业所得税若干优惠政策的通知》、财税字〔1997〕49 号文件等对农民专业技术协会、专业合作社，对其提供的技术服务或劳务所取得的收入等所得税予以免征；财税字〔1994〕第 002 号文件和国税函〔1998〕82 号文件又免除了农民专业合作经济组织的相关营业税。这一时期的相关政策见表 7-2 所示。

表 7-2　1990—1999 年关于合作经济组织的主要政策

时　间	名　称	具体内容
1993 年 11 月 5 日	中共中央国务院关于当前农业和农村经济发展的若干政策措施(中发〔1993〕11 号)	各级供销社都要继续深化改革,真正成为农民的合作经济组织。成立全国供销合作总社……各级政府要加强指导和扶持,使其在服务过程中,逐步形成技术经济实体,走自我发展、自我服务的道路
1994 年 4 月 10 日	中共中央国务院关于 1994 年农业和农村工作的意见(中发〔1994〕4 号)	引导农村股份合作制健康发展。深化供销合作社的体制改革。扶持民办专业技术协会的健康发展
1995 年 3 月 11 日	中共中央国务院关于做好 1995 年农业和农村工作的意见(中发〔1995〕6 号)	金融部门在增加农业信贷投入的同时,要改进农村信贷管理,调整信贷结构,重点支持粮棉生产和"菜篮子"建设,支持农村多种形式的贸工农一体化经济实体,支持为农业产前、产中、产后服务的互助合作性质的新型经济组织
1996 年 3 月 5 日	农村合作经济组织财务制度(试行)	本制度适用于按行政村、自然村或原生产大队、生产队设置的社区性合作经济组织。包括:资金筹集、流动资产、固定资产及其他资产、对外投资、经营收支、收益及其分配、财务报表和财务档案、民主理财、财会人员等内容
1997 年 2 月 3 日	中共中央国务院关于 1997 年农业和农村工作的意见(中发〔1997〕6 号)	发展各种形式的联合与合作,增强农村经济的活力……支持合作组织发展。供销合作社、信用合作社加快改革步伐……对建立的各种专业合作社、专业协会以及其他形式的联合与合作组织,要给予积极引导和支持

续表 7-2

时　间	名　称	具体内容
1998 年 1 月 24 日	中共中央国务院关于 1998 年农业和农村工作的意见（中发〔1998〕2 号）	发展多种形式的联合与合作。农民自主建立的各种专业合作社、专业协会以及其他形式的合作与联合组织，要积极鼓励和大力支持
1998 年 10 月 14 日	中共中央关于农业和农村工作若干重大问题的决定	要从农村经济现状和发展要求出发，继续完善所有制结构。农民采用多种多样股份合作制形式兴办经济实体……以农民的劳动联合和农民的资本联合为主的集体经济，更应鼓励发展

资料来源：孔祥智，史冰清．我国农民专业合作经济组织发展的制度变迁及政策评价(1978—2008)，中国合作经济评论，2010(2)

(三)2000—2008 年政策的大力推进阶段

新世纪以来，破解“三农问题”已成了国家政策的重中之重，农民增收、提高农业生产力、发展现代农业再次成为焦点问题，亟待解决。以加入 WTO 为标志，我国农民要面对来自国际市场的新挑战，而原有的保护价收购政策的取消使农民被真正推向了市场，与此同步，政府也积极提升农民的市场竞争力。不同的是，中央政府的思路发生了转变，将农民由分散经营组织起来共同进入市场的任务交给了农民自身，而新型农民合作就是实现此目标的至关重要的方式。

然而，一直以来，我国没有对农民专业合作社进行立法，使得农民专业合作社无法可依，无章可循。农民专业合作社主体地位不明，发展由此受到一些限制，例如，以现有的身份，农民专业合作社很难从正规金融部门进行融资。农业以外相关部门的政策环境没有因之改变，也造成农业发展方面的服务缺失，例如，农业的高风险使得营利性的金融部门不愿意为其提供贷款，农民专业合作社只能获得部分政府提供的政策性支持资金，而农民专业合作社在运营中融资是很大的问题，迫切需要金融行业的相关制度的跟进。另外，由于缺乏相应立法，新型农民专业合作社的发展较普遍地面临外力不适当介入的问题，有些主体以干涉代替支持。

但是，发展新型农民专业合作社的总体思路是清晰的，在中央的支持态度变得明确时，各主体也普遍达成共识，为农民自发合作构建了良好的政策环境。2004—2006 年连续三年的中央一号文件都明确提出要加快立法进程，经过三年的广泛调研、论证、起草和审议修改工作，十届全国人大常委会第二十四次会议于 2006 年 10 月 31 日通过了《中华人民共和国农民专业合作社法》。

总体看来，新世纪以来，发动农民自身构建新型农民专业合作社成了各界关于解决农民进入市场问题的普遍共识，新型农民专业合作社的制度环境也正向着逐渐完善的方向发展。进入 21 世纪之后，“三农”问题受到政府和各界的重视，因此在这个阶段，关于农民专业合作社的政策法规要显著地多于前两个时期，另外，这些政策法规中所规定的政策等也更加具体化，这些都表明了我国在这个时期大力推进农民专业合作社的建设和发展。这一时期的相关政策见表 7-3 所示。

表 7-3　2000—2011 年关于农民专业合作社的主要政策

时　间	名　称	具体内容
2000 年 3 月 5 日	政府工作报告	发展专业合作经济组织和公司加农户等产业化经营，把分散经营的农户同大市场连接起来，带动农业结构调整。引导和支持乡镇企业面向市场调整结构，提高管理水平和技术水平
2001 年 1 月 11 日	中共中央国务院关于做好 2001 年农业和农村工作的意见（中发〔2001〕2 号）	对农产品加工企业、批发市场、合作组织等各种类型、各种所有制的农业产业化经营龙头企业，只要有市场、有效益，能够增加农民收入，都要一视同仁，给予扶持
2003 年 1 月 16 日	中共中央国务院关于做好农业和农村工作的意见（中发〔2003〕3 号）	积极发展农产品行业协会和农民专业合作组织，建立健全农业社会化服务体系。……增强农业竞争力，具有重要作用
2003 年 10 月 14 日	中共中央关于完善社会主义市场经济体制若干问题的决定	农村集体经济组织要推进制度创新，增强服务功能。支持农民按照自愿、民主的原则，发展多种形式农村专业合作组织
2004 年 2 月 8 日	中共中央国务院关于促进农民增加收入若干政策的意见（中发〔2004〕1 号）	鼓励发展各类农产品专业合作组织、购销大户和农民经纪人。积极推进有关农民专业合作组织的立法工作。从 2004 年起，中央和地方要安排专门资金……财政可适当给予贴息
2004 年 7 月 14 日	国务院办公厅转发商务部等部门关于进一步做好农村商品流通工作的意见的通知	中央和地方财政要安排专门资金，支持各类农民专业合作组织开展信息、技术等服务……财政要适当予以贴息

续表 7-3

时　间	名　称	具体内容
2004 年 12 月 31 日	中共中央国务院关于进一步加强农村工作提高农业综合生产能力若干政策的意见（中发〔2005〕1 号）	支持农民专业合作组织发展，对专业合作组织及其所办加工、流通实体适当减免有关税费
2005 年 10 月 11 日	中共中央关于制定国民经济和社会发展第十一个五年规划的建议	全面深化农村改革……鼓励和引导农民发展各类专业合作经济组织，提高农业的组织化程度
2005 年 12 月 31 日	中共中央国务院关于推进社会主义新农村建设的若干意见（中发〔2006〕1 号）	积极引导和支持农民发展各类专业合作经济组织，加快立法进程，加大扶持力度，建立有利于农民合作经济组织发展的信贷、财税和登记等制度
2006 年 8 月 3 日	全国农业和农村经济发展第十一个五年规划（2006—2010 年）	提升农民自我发展能力，大力发展农民专业合作经济组织，提高农村基层民主水平，加强农民教育培训，着力培育新型农民
2006 年 9 月 26 日	全国农垦经济与社会发展第十一个五年规划（2006—2010 年）	坚持“民办、民管、民受益”的原则，鼓励和引导垦区发展各类专业合作社、专业协会和产业协会。逐步扩大广泛性和代表性，增强权威性和服务功能，使之成为政府与生产经营者之间的桥梁和纽带
2007 年 1 月 29 日	中共中央国务院关于积极发展现代农业扎实推进社会主义新农村建设的若干意见（中发〔2007〕1 号）	积极发展种养专业大户、农民专业合作组织、龙头企业和集体经济组织等各类适应现代农业发展要求的经营主体

续表 7-3

时间	名称	具体内容
2008年1月31日	中共中央国务院关于切实加强农业基础建设进一步促进农业发展农民增收的若干意见（中发[2008]1号）	继续实施农业标准化示范项目，扶持龙头企业、农民专业合作组织、科技示范户和种养大户率先实行标准化生产。组织实施新农村实用人才培训工程，重点培训种养业能手、科技带头人、农村经纪人和专业合作组织领办人等
2008年3月5日	政府工作报告	全面推进农村改革……大力发展农民专业合作组织
2009年2月1日	中共中央国务院关于促进农业稳定发展农民持续增收的若干意见（中发[2009]1号）	加快农业标准化示范区建设，推动龙头企业、农民专业合作社、专业大户等率先实行标准化生产，支持建设绿色和有机农产品生产基地
2009年3月5日	政府工作报告	健全基层农业技术推广、动植物疫病防控、农产品质量监管等公共服务机构，支持供销合作社、农民专业合作社、龙头企业等提供多种形式的生产经营服务
2009年12月31日	国务院关于加大统筹城乡发展力度进一步夯实农业农村发展基础的若干意见（中发[2010]1号）	大力发展农民专业合作社……支持有条件的合作社兴办农村资金互助社。扶持农民专业合作社自办农产品加工企业
2010年3月15日	政府工作报告	发展农民专业合作社，提高农业组织化程度

续表 7-3

时　间	名　称	具体内容
2011 年 3 月 15 日	政府工作报告	继续增加对农民的生产补贴，新增补贴重点向主产区、重点品种、专业大户、农民专业合作组织倾斜

资料来源：孔祥智，史冰清．我国农民专业合作经济组织发展的制度变迁及政策评价(1978—2008)，中国合作经济评论，2010(2)

在这一时期，相关部门也出台了很多具体的政策文件，采取各项措施推进农民合作经济组织的发展，推进的力度非常大。首先体现在相关政策文件的数量上，17 个部委文件中都提到了合作经济组织的发展。其次，这些文件的出台者包括多个部委，其中农业部和财政部的文件居多，科技部、中华全国供销合作总社、中国科协也在一些文件中提到了合作经济组织的发展。各部门从各自的职责出发，有所侧重地推动合作经济组织的发展。这一时期，有关部门出台的相关政策见表 7-4 所示。

表 7-4　近年来各部委关于农民专业合作社的相关文件

时　间	名　称	具体内容
2002 年 9 月	农业部关于公布农业部农民专业合作经济组织试点单位的通知(农经发〔2002〕8 号)	公布农业部农民合作经济组织试点单位，并且要求各试点单位落实好试点工作
2002 年 12 月 20 日	科技部关于大力发展科技中介机构的意见(国科发政字〔2002〕488 号)	星火计划、农业科技成果转化基金等要重点支持农业“龙头”企业、农村技术经济合作组织转化农业科技成果

续表 7-4

时　间	名　称	具体内容
2003 年 8 月	财政部办公厅关于中央财政支持农民专业合作组织试点工作的通知(财办农〔2003〕91 号)	试点工作的基本思路
2003 年 9 月 5 日	中华全国供销合作总社关于加快农产品行业协会发展的意见(供销合字〔2003〕39 号)	要突出抓好以下几项工作:一是逐步理顺原有农产品行业协会的管理体制。二是加强协会内部建设。三是逐步完善行业协会的职能……
2003 年 11 月	农业部关于表彰"全国十大种粮标兵""全国粮食生产先进县市(农场)及全国种粮大户""农民专业合作组织先进单位"的决定(农办发〔2003〕15 号)	为进一步调动各级政府和农民种粮的积极性,推动农民专业合作组织发展,促进农业产业化经营,农业部决定……授予北京市顺义区新特新葡萄产销合作社等 50 家农民专业合作组织
2003 年 12 月 3 日	财政部关于改革和完善农业综合开发若干政策措施的意见(财发〔2003〕93 号)	大力扶持辐射带动作用强的产业化龙头企业和与农民建立起紧密的利益联结机制的专业合作经济组织,积极推进产业化经营
2004 年	农业部关于切实做好农业部 2004 年农民专业合作组织示范项目指导工作的通知(农经发〔2004〕9 号)	(一)做好业务培训和政策咨询服务 (二)修改完善项目实施方案 (三)加强监督检查

续表 7-4

时　间	名　称	具体内容
2004 年	财政部办公厅关于做好 2004 年中央财政支持农民专业合作组织工作的通知(财办农〔2004〕35 号)	规定了中央财政资金支持的范围
2004 年 3 月 10 日	农业部办公厅关于印发 2004 年农民专业合作组织示范项目指南的通知(农办财〔2004〕20 号)	在全国 11 个优势农产品区域,围绕 35 个主导产品以及当地名特优产品,……增加农民收入有较强带动能力和示范作用的农民专业合作组织,进行资金扶持
2004 年 3 月 17 日	农业部农民专业合作组织示范项目资金管理暂行办法(农财发〔2004〕5 号)	规定了示范项目资金的支持重点
2005 年 3 月 23 日	财政部农业综合开发中央财政贴息资金管理办法(财发〔2005〕4 号)	贴息扶持对象重点为国家级和省级农业产业化龙头企业,同时适当扶持正在成长上升、确能带动农民致富、较小规模龙头企业及农民专业合作组织
2005 年 4 月 30 日	农业部关于支持和促进农民专业合作组织发展的意见(农经发〔2005〕5 号)	提出促进农民专业合作组织的发展的各项政策
2005 年 9 月 1 日	农业部关于加强农产品市场流通工作的意见(农市发〔2005〕12 号)	培育农民运销合作组织,积极鼓励生产大户、运销大户领办合作组织

续表 7-4

时间	名称	具体内容
2005 年 11 月 15 日	中国科协关于进一步加强农村科普工作的意见（科协发普字〔2005〕67 号）	要坚持农技协“民办、民管、民受益”的原则，联合相关部门和社会有关方面，扶持农技协做大做强，指导农技协发挥好科普示范作用

资料来源：孔祥智，史冰清．我国农民专业合作经济组织发展的制度变迁及政策评价(1978—2008)，中国合作经济评论，2010(2)

二、现有的支持政策

(一)立法支持

早在 1996 年，财政部即发布了《农村合作经济组织财务制度(试行)》，对农民专业合作组织内部的财务管理给予指导。2003 年 3 月 1 日起实施的《中华人民共和国农业法》中规定鼓励各类农民专业合作组织发展。2006 年 2 月 8 日农业部发布了《农民专业合作经济组织示范章程(试行)》对农民专业合作组织的章程内容给予指导。第十届全国人大常委会第二十四次会议于 2006 年 10 月 31 日通过《中华人民共和国农民专业合作社法》，该法于 2007 年 7 月 1 日起正式施行。这是我国农民专业合作经济组织建设与发展史上的里程碑，是我国农业法制建设史上一件大事，也是社会主义新农村建设过程中一件大事，对于引导和促进农民专业合作组织发展具有重大的现实意义和深远历史意义。

伴随着《中华人民共和国农民专业合作社法》的颁布，与其配套的《农民专业合作社登记管理条例》、《农民专业合作社示范章程》和《农民专业合作社财务会计制度》等各项条例也随之颁布，除中央外各地方政府为深入贯彻中央精神，根据自身地区的实际情况出台了各种相关政策与条例，如《浙江省农民专业合作社条例》、浙江省《龙游县工商行政管理局农民专业合作社信用监管办法》、山西《太原市农民专业合作社条例》、新疆和田区的《和田地区加快农民专业合作社发展实施意见》等，各级政府的条例的颁布与实施使农民专业合作社的相关法律规定广泛下县、下乡，传达到农民，使法律精神逐步深入人心。

(二)产业政策倾斜

《农民专业合作社法》规定，国家支持发展农业和农村经济的建设项目，可以委托和安排有条件的有关农民专业合作社实施。农民专业合作社作为市场经营主体，由于竞争实力较弱，给予产业政策支持，把合作社作为实施国家农业支持保护体系的重要方面。符合条件的农民专业合作社可以按照政府有关部门项目指南的要求，向项目主管部门提出承担项目申请，经项目主管部门批准后实施。

根据有关规定，国家支持发展农业和农村经济的建设项目包括：为了国家调整农业生产结构、转变农业增长方式，提高农业综合生产能力而支持的建设项目；为了稳定发展粮食生产，实施优质粮食产业而支持的大型商品粮生产基地及确保国家粮食安全的建设项目；为了优化农业生产布局，推进农业产业化经营，促进农产品加工转化增值，发展高产、优质、高效、生态、安全农业而支持的建设项目；为了大力发展畜牧业，保护天然草场，建设饲草基地而支持的建设项目；为了积极发展水产业，保护和合理利用渔业资源而支持的建设项目；为了加强农田水利建设，改造中低产田，搞好土地整理而支持的建设项目；为了提高农业机械化水平，加快农业标准化，健全农业技术推广、农产品市场、农产品质量安全和动植物病虫害防控体系而支持的建设项目；为了积极推行节水灌溉，科学使用肥料、农药，促进农业可持续发展而支持的建设项目；为了发展远程教育和广播电视“村村通”而支持的建设项目；为了加大农村基础设施建设投入，加快乡村道路建设，发展农村通信，继续完善农村电网而支持的建设项目；为了解决农村饮水的困难和安全问题而支持的建设项目；为了普及农村沼气，发展适合农村特点的清洁能源而支持的建设项目；为了加强农田水利、耕地质量和生态建设而支持的建设项目等。

(三)财政扶持

1. 费用减免 依据《农民专业合作社法》制定的《农民专业合作社登记管理条例》明确规定：工商行政管理部门是农民专业合作社登记机关，农民专业合作社由所在地的县(市)、区工商行政管理部门登记，领取农民专业合作社法人营业执照，取得法人资格；国务院工商行政管理部门负责全国的农民专业合作社登记管理工作，并可以对规模较大或者跨地区的农民专业合作社的登记管辖作出特别规定；登记机关办理农民专业合作社的登记不得收费。但登记环节中涉及有关部门的收费，尚不在此列。如变更登记中重新刻章等。

2. 资金支持 《农民专业合作社法》规定，中央和地方财政分别安排资金，支持农民专业合作社开展信息、培训、农产品质量标准与认证、农业生产基础设施建设、市场营销和技术推广等服务。对民族地区、边远地区和贫困地区的农民专业合作社和生产国家与社会急需的重要农产品的农民专业合作社给予优先扶持。目前，我国农民专业合作社经济实力还不强，自我积累能力较弱，给予专业合作社财政资金扶持，就是直接扶持农民、扶持农业、扶持农村。经过多年的发展，财政扶持政策已成为各级政府促进农民专业合作组织发展的重要举措。

(1)设立财政专项资金成为中央和省(直辖市、自治区)本级财政预算一项内容　中央政府为了加强扶持与推动，每年都设立财政专项资金支持专业合作社的各项服务，全国绝大多数省、直辖市、自治区(除个别省份外)的地方财政基本也都设立起了扶持农民专业合作经济组织的专项资金。据统计，截止 2009 年底，中央财政共安排 13.75 亿元资金，用于农民合作经济组织发展的专项扶持，农业部也累计安排了1.45亿元，用于农合组织的示范项目建设。此外，各地方用于支持农合组织发展的财政资金也在不断加大。从2008年至2010年，中央财政累计安排合作社专项资金超过13亿元，主要用于扶持农民专业合作社增强服务功能和自我发展能力。农机购置补贴财政专项对农民专业合作社优先予以安排。同时各地方用于支持农合组织发展的财政资金也在不断加大。仅2007年至2009年，全国省级财政对农民专业合作社的扶持资金累计已达16.15亿元。财政扶持农民专业合作经济组织已经成为中央政府、地方政府普遍使用的一项工具。国家财政扶持支持农民专业合作社建设与发展的基本政策初步形成。

（2）中央、省财政专项资金带动各县、市、区设立地方财政专项资金　山西省政府2005年提出"在每年的财政预算中安排一定数额的扶持农民专业合作组织的专项资金，其中省财政预算资金不少于500万元"，将扶持农民专业合作组织的专项资金列入了省财政预算，并带动各市、县财政大力扶持农民专业合作经济组织的发展。

陕西省延安市2005年制定出台《关于加快发展农民专业合作经济组织的意见》，明确"因地制宜、多元创办、政府扶持、部门指导、市场运作、行业自律"思路，同时明确财政优惠政策；2005—2007年，中央、省、市用于支持农民专业合作组织发展的财政资金累计达533万元，有184个示范合作组织得到了扶持。其中市财政累计投入扶持资金达到323万元，超过60%；省财政扶持资金130万元，占24%；中央财政80万元，占15%。

辽宁省自2004年开始设立专项资金，到2007年，累计投入专项资金1 300万元，扶持了180多个合作组织。并带动市、县扶持资金投入累计超过4 000万元，扶持数量超过800个。

（3）财政专项扶持资金带动其他专项资金支持农民专业合作组织　《农民专业合作社法》明确"国家支持发展农业和农村经济

的建设项目，可以委托和安排有条件的有关农民专业合作社实施”。2008 年的中央 1 号文件又提出，农民专业合作社可以申请承担国家的有关涉农项目。在中央政策的引导下，2008 年国家农业综合开发办公室《2008 年国家农业综合开发产业化经营项目申报指南》明确了 4 类予以鼓励的项目，其中之一就是具有独立企业法人资格的农民专业合作组织申报的项目。此外，国家扶贫资金中也有一部分用于支持农民专业合作社的发展。

北京的财政资金通过项目补贴和奖励两种方式进行安排，项目补贴主要包括农民专业合作社开展信息技术、培训、质量标准与认证、市场营销等服务，建设标准化生产基地、兴办仓储设施和加工企业、购置农产品运销设备。年末根据合作社的业绩，采取以奖代补方式，重点奖励一批规范化程度高、农民增收明显的合作社。

湖北省 2007 年起，从农业板块项目资金中划出 1 000 万元，重点扶持 300 个在承担省板块基地项目建设中作用大、效果好，带动农民增收显著的专业合作社。

（四）金融支持

《农民专业合作社法》规定，国家政策性金融机构和商业性金融机构应当采取多种形式，为农民专业合作社提供金融服务。

明确提出要把农民专业合作社全部纳入农村信用评定范围；加大信贷支持力度，重点支持产业基础牢、经营规模大、品牌效应高、服务能力强、带动农户多、规范管理好、信用记录良好的农民专业合作社；支持和鼓励农村合作金融机构创新金融产品，改进服务方式；鼓励有条件的农民专业合作社发展信用合作。

1. 农民专业合作社全部纳入农村信用评定范围 自 2009 年各地农村合作金融机构要与当地农村经营管理部门对辖内农民专业合作社逐一建立信用档案，加快建立和完善符合农民专业合作社特点的信用评价体系，稳步构建专业合作社自愿参加、政府监督指导、金融机构提供贷款支持的授信管理模式。

2. 信贷支持　区分不同发展水平的农民专业合作社，实施差别化的针对性支持措施，重点加大支持产业基础牢、经营规模大、品牌效应高、服务能力强、带动农户多、规范管理好、信用记录良的农民专业合作社的信贷支持。对于获得县级以上“农民专业合作社示范社”称号或受到地方政府奖励以及投保农业保险的农民专业合作社，要在评级、授信、用信等方面给予适当优惠，对遭受自然灾害等不可抗力原因导致贷款拖欠的，可本着商业原则，视其历史信用状况适当延长贷款期限，并适当追加贷款投入，帮助其恢复生产发展。做到扶持一个农民专业合作社，带动一个特色产业，搞活一地农村经济，致富一方农民群众。一些地方政府做了有益尝试。例如，浙江省要求农村信用社及其他金融机构加强对农民合作经济组织的信贷支持，每年安排一定数量的农业信贷资金，解决农民合作经济组织季节性、临时性所需资金。

3. 创新金融产品　在坚持风险可控、成本可算、利润可获、信息披露到位的前提下，支持和鼓励结合实际创新金融产品。鼓励探索以符合条件的农民专业合作社为平台，扩大信用贷款发放。鼓励扩大可用于担保的财产范围，创新各类符合法律规定和实际需要的财产抵(质)押贷款品种。鼓励发展自助可循环流动资金贷款。鼓励拓展收费类和服务类资金归集等中间业务，向农民专业合作社提供市场信息和金融咨询、代理保险销售和理财业务等。

4. 改进服务方式　加快综合业务网络系统建设，鼓励在农民专业合作社发展比较充分的地区就近设置 ATM、POS 等金融服务机具，稳步推广贷记卡业务，探索发展手机银行业务。特别要围绕提高审贷效率和解决担保难问题，逐步探索对农民专业合作社及其成员进行综合授信，实现“集中授信、随用随贷、柜台办理、余额控制”。

5. 发展信用合作　鼓励有条件的农民专业合作社发展信用合作。优先选择在农民专业合作社基础上开展组建农村资金互助社的试点工作。允许符合条件的农村资金互助社按商业原则从银行业金融机构融入资金。鼓励发展具有担保功能的农民专业合作社，运用联保、担保基金和风险保证金等联合增信方式，以及借助担保公司、农业产业化龙头企业等相关农村市场主体作用，扩大成员融资的担保范围和融资渠道，提高融资效率。

(五)税收优惠政策

为农民合作社提供税收优惠是各级政府普遍采取的措施。1994年财政部和国家税务总局规定，对农民专业技术协会、专业合作社等农民合作经济组织的收入暂免征收所得税。2007年实行的《农民专业合作社法》第五十二条规定："农民专业合作社享受国家规定的对农业生产、加工、流通、服务和其他涉农经济活动相应的税收优惠。支持农民专业合作社发展的其他税收优惠政策由国务院规定"。

2008年6月24日发布的《财政部国家税务总局关于农民专业合作社有关税收政策的通知》(财税[2008]81号)明确了农民专业合作社的税收政策：①对农民专业合作社销售本社成员生产的农业产品，视同农业生产者销售自产农业产品免征增值税；②一般纳税人从农民专业合作社购进的免税农业产品，可按13%的扣除率计算抵扣增值税进项税额；③对农民专业合作社向本社成员销售的农膜、种子、种苗、化肥、农药、农机，免征增值税；④对农民专业合作社与本社成员签订的农业产品和农业生产资料购销合同，免征印花税。

(六)人才扶持政策

鼓励农业科研人员和基层农技人员与农民联合参加、创办合作社，是促进先进技术与产业联合和提升的一条有效途径；合作社的成员主体是农民，虽然领头人中不乏农村种养能人，有的还是人大代表、政协委员、劳动模范，但整体文化素质相对较低，科技水平不高，市场营销能力有限。与此同时，很多年龄在50岁左右离岗或退居二线的行政领导和农技人员赋闲在家，人才闲置得不到充分利用。为此，农业厅引导合作社吸收这些人才加入，聘任为经理、技术顾问或技术员，发挥他们的余热，改善了合作社的人员知识结构。从2011年起组织实施现代农业人才支撑计划，每年培养1 500名合作社带头人。继续把农民专业合作社人才培训纳入"阳光工程"，重点培训合作社带头人、财会人员和基层合作社辅导员。鼓励大中专毕业生到农民专业合作社工作；引导农村青年、大学生村官参与、领创办合作社。鼓励各类人才积极加入农民专业合作社。

总之，相关法律政策体系的建立，以及上述五大相关政策的支持，为农民专业合作社的发展创造了较为有利的外部环境与条件。为农民专业合作组织的发展与壮大起到了至关重要的作用。

第二节　各级项目建设资金支持以及申请

一、各级的资金支持

在各级财政对农民专业合作组织的项目建设资金的大力支持下，农民专业合作组织保持健康快速发展势头，其中中央、省级都对农民专业合作组织的支持逐年扩大。

（一）中央的资金支持

2003年初的中央农村工作会议上，胡锦涛总书记首次明确提出要把解决"三农"问题作为全党工作的重中之重，放在更加突出的位置，并提出了"多予、少取、放活"的"三农"政策。同年，财政部安排了2 000万元资金扶持农民专业合作经济组织，专门用于财政扶持试点工作。

2004年中央1号文件明确，"从2004年起，中央和地方要安排专门资金，支持农民专业合作组织开展信息、技术、培训、质量标准与认证、市场营销等服务。有关金融机构支持农民专业合作组织建设标准化生产基地、兴办仓储设施和加工企业、购置农产品运销设备，财政可适当给予贴息”。财政部当年大幅度提高了财政扶持力度，农民专业合作组织的专项资金规模达到 7 000 万元，正式启动了“中央财政农民专业合作组织发展资金”项目，并相应地制定了《中央财政农民专业合作组织发展资金管理暂行办法》。该办法规定中央财政农民专业合作组织发展资金是指中央财政为支持农民专业合作组织发展而安排的预算支出，明确了该资金支持的农民专业合作组织应当符合的基本条件以及重点支持的范围。

2005 年以后，农民专业合作组织发展资金规模呈稳步扩大的态势，2005 年中央财政安排合作社专项资金为 1 000 万元，到 2007 年，中央财政安排合作社专项资金达到了 2.25 亿元。2008 年至 2010 年，中央财政累计安排合作社专项资金超过 13 亿元。当然，同时国家有关涉农项目也越来越多地由合作社承担。

（二）省、自治区的资金支持

在中央财政的带动下，地方各级财政也不断增加投入，据不完全统计，截止到 2007 年，全国已有 29 个省（自治区、直辖市）制定了专门文件，明确了政府的财政扶持。农业部农村合作经济经营管理总站提供的数字，2004—2008 年，各省级财政安排专项扶持资金已超过 13 亿元。其中，在农业产业化经营较为发达、农民专业合作经济组织发展较快的部分省份，早于中央财政，在 21 世纪初就率先实施了财政扶持农民专业合作经济组织的专项资金。如浙江省自 2001 年起，每年对制度健全、运作规范、作用明显的农民专业合作社，给予 10 万～30 万元的资金扶持，用于合作社的基础设施建设、农业技术推广、农业标准化、农产品质量标准与认证、农产品市场营销以及社员教育培训等。2008 年，财政扶持资金已超过5 000万元。2007—2009 年全国省级财政对农民专业合作社扶持资金累计已达 16.15 亿元。北京、天津、江西、辽宁、福建、海南、甘肃、宁夏等省(自治区、直辖市)多个部门联合发文,明确支持合作社发展的相关政策。

表 7-5　2007 年各省、自治区、直辖财政支持农民专业合作组织发展专项资金规模初步统计

(单位:万元)

东部	北京	天津	河北	辽宁	上海	江苏	浙江	福建	山东	广东	河南	
累计	10000	1000*	1300	3500	6885	6500	15300	228	10000	2400	—	
起始	—	2001	2004	2004	2004	2004	2001	2003	2002	2003	—	
中部	山西	吉林	黑龙江	安徽	江西	河南	湖南	湖北				
累计	1500	—	1000*	200*	—	300	400	1785				
起始	2005	2003	—	2006	—	2007	2006	2004				
西部	陕西	内蒙古	广西	新疆	重庆	四川	贵州	云南	西藏	甘肃	青海	宁夏
累计	1100*	—	2320	—	—	—	1120	3081	1700	—	460*	665*
起始	2004	—	2002	2007	2002	2005	2003	2004	2006	2003	2003	2003

注:"*"指 2007 年当年的财政专项资金规模

资料来源:苑鹏．农民专业合作组织的财政扶持政策研究,学习与实践．2009(08)

山东省自 2002 年对农民专业合作组织进行专项扶持,到 2007 年累计达到近亿元,而仅 2007 年当年就安排 4 000 万元的扶持资金。广东省的扶持资金规模从 2003 年的 100 万元增加到 2007 年的 1 000 万元。江苏省的专项扶持资金规模 2008 年超过了 5 000 万元,与浙江省一道,成为扶持力度最大的省份。

北京市截至 2008 年,市财政已经安排上亿元的农民专业合作社扶持资金。

湖南省 2007 年全省市、县两级财政安排农民专业合作经济组织试点示范专项资金 1 514.3 万元,比 2006 年增加了 19.52%。

宁夏回族自治区从 2003 年的 200 万元专项资金,增加到 2006 年的 560 万元;2007 年又进一步增加到 665 万元。2008 年,山西省政府农业厅将财政新增的支农资金中调剂出 500 万元用于扶持农民专业合作经济组织，使省级专项扶持资金达到 1 000 万元。

2007 年，陕西省级财政安排专门资金 1 100 万元，扶持 110 个农民专业合作组织，是该省开展试点以来从未有过的大力度。

2007 年，西藏自治区提出财政每年拿出不少于 1 000 万元的专项资金用于扶持农牧民专业合作经济组织。当年财政安排资金 1 200 万元，用于支持农牧民合作经济组织的发展，以促进农牧民组织化程度提高，应对市场挑战。

（三）县、市的资金支持

在中央和省的资金带动下，各县、市也积极地设立地方财政资金支持农民专业合作社。下面是几个县、市的例子。

河南省级财政列出 300 万元专项资金，支持农民专业合作社开展信息、培训、农产品质量标准与认证、农业生产基础设施建设等服务后，2007 年，洛阳市拿出 500 万元财政专项资金，郑州市、焦作市分别增加 100 万元财政专项资金用于对农民专业合作社的扶持和奖励。

以浙江省杭州市桐庐县为例，2007 年获得的省、市、县三级财政扶持合作社的资金总量超过 550 万元，其中县级财政超过 250 万元，而 2003 年县财政扶持只有十余万元。又如山西省榆社县，2007 年全县的地方可支配财政收入 1.2 亿元，农业财政预算 480 万元，其中用于农民专业合作社的财政资金高达 86 万元，而 2005 年以前的政府财政补贴为零。

陕西省甘泉县，农民专业合作组织的财政扶持资金主要通过“农业产业化扶持资金”项目，而农业产业化扶持资金从 2003 年最初设立时的 600 万元，提高到了 2007 年的 1 300 万元，预计 2008 年将进一步增加到 1 500 万元。

二、项目建设资金申报程序

各级财政为支持和促进农民专业合作社的发展，提高农民进入市场的组织化工作，不断加大对合作社的资金扶持力度，通过项目实施，提高农产品附加值，增加农民经济效益。由于项目申报时间紧、申报材料多、质量要求高、组织工作严密，如何做好各级财政项目建设资金申报工作，成为摆在各个专业合作社面前的一个难题。

(一)选好一个建设项目

项目选择的好坏，直接关系到项目申报的成败，关系到项目申报后的实施效果。因此在项目申报前，必须进行前期的市场调研分析，并通过项目可行性论证，然后选择适合自己的项目，如：工厂化机械化技术示范与推广建设项目，产品深加工及产业化建设项目，恒温保鲜建设项目，精品示范基地建设，农产品粗加工、整理、储存和保鲜等项目。

(二)写好一份可行性研究报告

在选好一个建设项目的基础上，通过对项目与项目单位概况、投资必要性、市场、生产建设条件、建设方案、财政补助资金支持环节、投资估算与资金筹措、主要财务指标、社会效益分析、结论、项目单位责任等 11 个方面内容的分析叙述，详细记录合作社可行性研究情况。内容主要包括项目单位注册登记情况、股权结构情况、规章制度情况、内控制度情况、财务管理情况、生产规模情况、产销服务情况、品牌建设情况、经营收入情况、运行绩效情况、社会贡献情况、股金分红情况。

(三)填好相关表格

认真填好项目相关表格，如：基本情况表、资产负债表、成员权益变动表、盈余及盈余分配表、成员账户表等。主要概述项目单位名称、联系电话、注册登记时间、股金分配情况、年经营收入情况、股金分红情况等，要求财务会计报表填报齐全、上下结构平衡，并按照财政部颁布的《农民专业合作社财务会计制度(试行)》的规定进行会计核算，具有较规范的财务管理制度，具有一定的产业基础。

(四)附好相关证明材料

按照申报文件规定要求附好相关证明材料，如农民专业合作社法人营业执照、农民专业合作社章程、社员明细入股清单，民主管理制度、财务管理制度、目标岗位责任制、合作社生产技术流程、无公害基地认证证书、绿色农产品基地认证证书、著名商标证书、各种获奖证书等材料。

(五)严格按要求完善合作社

合作社应有比较健全的服务网络，能有效地为合作社成员提供专业服务。产权清晰，建立合作社成员账户，按交易额和股金额相结合的方式进行盈余分配，其中按交易额返还比例不低于60%，并以电子文本及书面形式分别上报。

三、项目申请规范

(一)农民专业合作社项目渠道

国内涉农项目的主要来源可分为3类：一类是政府项目，一类是国际组织项目，还有一类是民间、半民间机构项目。

政府项目的主要来源是各有关政府部门，例如财政部、发改委、农业部、中华全国供销合作总社、林业部、科技部、妇联、水利部等。这些政府部门，每年定期、不定期地会发布有关项目招标通知，各地农民专业合作社应该经常关注政府部门网站和省级对口部门网站，及时掌握各部门关于项目申报的动态。目前看来，农业部的农业产业化项目、农技推广项目、农业标准化实施示范项目，供销合作总社的农业综合开发新型合作示范项目，中国科协和财政部的科普惠农新村计划等都非常适合农民专业合作社来申请。

现有的国际组织项目，主要来源有联合国开发署、联合国粮农组织、世界银行、亚洲银行、世界粮食署等。还有一些国家、地区对外援助机构和基金会，例如美国的福特基金会、德国的阿德纳基金会、加拿大的国际援助署、澳大利亚的海外援助署、欧盟的小项目办公室等。国际组织项目资金，大部分属于低息贷款，需要按期付息、偿还本金。

国内的民间机构和半民间机构项目，目前主要来源有国家扶贫基金会、宋庆龄基金会，香港乐施会、社区伙伴、美国福特基金等。民间、半民间机构的项目资金性质差异较大，有的是政府部门委托项目，有的是国际组织委托项目，有的是私人、企业委托项目，也有的是慈善募款。因此，有的项目资金是无偿拨付，有的项目资金是低息贷款，也有的项目资金是慈善捐助。这两类的农业扶持项目本身数量较少，也鲜有专门针对农民专业合作社的项目，合作社可以适当关注，如要申请，都要事先了解项目资金性质，再作决定。

(二)农民专业合作社建设的项目类型

一是农业产业化项目。这是最适合农民专业合作社实施的一类项目，包括合作社实施的规模化、标准化、有机绿色农产品生产基地建设项目；农产品处理、包装、储运、加工、市场销售等；还有市场建设项目，包括各类农产品仓储、配送中心的设施建设，产地批发市场场地建设营销网点和连锁店建设，产品质量检测体系建设和认证、生产标准化体系建设和认证等。另外，有些简单生产资料的加工生产活动也可作为农民专业合作社的备选项目，如饲料加工、配方复合肥加工等。

二是资源利用开发型项目。包括草原开发项目，如人工草场建设、草场围栏建设；林业开发项目，如人工造林、退耕还林；水面开发项目，如人工水产养殖；水源开发利用项目，如小水电、水利灌溉、人畜饮水工程；野生动植物资源开发项目，如中草药的人工种植、野生皮毛类动物的人工养殖；旅游资源开发项目，如古村镇观光、农家乐旅游等。

三是科技开发、引进、培训项目。如动植物新品种的培育和引进项目,优良动植物品种的扩繁项目,新型种植技术、养殖技术的试验、推广项目等。

四是扶贫项目。如适合农民专业合作组织实施的扶贫开发项目、小额信贷项目等。

五是社区发展项目。包括合作医疗项目、社区基金项目等。

(三)农民专业合作社项目申请条件

由于不同的途径、类型的项目申请也是不一致的,下面主要以国家农业综合开发农业部专项项目2012年申报指南为例,简单介绍农民专业合作社项目的申请条件及申报材料。

2012年国家农业综合开发农业部专项项目主要安排良种繁育及加工基地、原原种扩繁基地、脱毒马铃薯良种繁育基地、牧草种子繁育基地、园艺类良种繁育及生产示范基地、畜禽良种繁育、水产品苗种繁育及养殖基地、秸秆养畜等8类项目,其中有两个项目(园艺类良种繁育及生产示范基地项目与秸秆养畜联户示范项)农民专业合作经济组织可以申请。

1. 农民专业合作社申请园艺类良种繁育及生产示范基地的条件及材料要求 经县级以上有关部门登记注册满3年以上或者在当地县级工商行政主管部门依法登记,取得《农民专业合作社法人营业执照》;成员人数100个以上,其中农民成员达到80%以上;所从事的产业应当符合农业部优势农产品区域布局规划和特色农产品区域布局规划,已经带动形成了当地主导产业;有规范的章程、健全的组织机构、完善的财务管理等制度;有独立的银行账户和会计账簿,建立了成员账户;可分配盈余按交易量(额)比例返还给成员的比例达到60%以上;依法登记为农民专业合作社的,组织运行应符合《农民专业合作社法》的有关规定;与成员在市场信息、业务培训、技术指导和产品营销等方面具有稳定的服务关系，实现了统一农业投入品的采购和供应，统一生产质量安全标准和技术培训，统一品牌、包装和销售，统一产品和基地认证认定等“四统一”服务；获得无公害农产品、绿色食品、有机食品认证标志或地理标志认证，获得中国农业名牌等知名商标品牌称号，以及产品出口获得外汇收入的，予以优先考虑。

农民专业合作社申报须提供：营业执照（注册登记证书）及组织机构代码证；章程；各项管理制度（包括财务管理制度）；经中介机构审计的上一年度财务报表（须包括资产负债表、损益表、现金流量表及财务报表附注）及审计报告；开户银行出具的存款证明以及自筹资金承诺函；现有良种繁育基地、试验示范用地及标准化生产示范基地土地使用证明或协议复印件；项目建设需占用土地的土地使用证明或协议复印件；建设地点规划设计平面图，单项工程设计平面图等；技术依托单位的基本情况及双方签订的正式协议书复印件或企业自身技术力量情况说明；获得的名特优产品证书，无公害农产品、绿色食品、有机食品或相应生产基地认证证书，地理标志认证证书，中国农业名牌等知名商标品牌证书，工商行政管理部门核准的产品注册商标证书复印件；获得的省、市级示范经济组织表彰的相关文件。

2. 农民专业合作社申请秸秆养畜联户示范项的条件及材料要求　经县级以上有关部门登记注册满 3 年以上或者在当地县级工商行政主管部门依法登记，取得《农民专业合作社法人营业执照》；成员人数 150 个以上，其中农民成员达到 80%以上；有规范的章程、完善的管理制度、健全的监督机构；有独立的银行账户和会计账簿，建立了成员账户，实行独立的会计核算；财务管理和收益分配制度健全，对成员实行盈余返还的优先考虑；专业服务网络比较健全，与成员在市场信息、业务培训、技术指导和产品营销等方面具有稳定的服务关系；能带动周边农民形成区域性产业带（群）；在提高农业产业化水平、增加农民收入方面具有较强的示范作用；获得省、市级示范专业合作经济组织表彰的、地方政府扶持农民专业合作社发展的优先考虑。

农民专业合作社申报的须提供：营业执照（注册登记证书）及组织机构代码证；章程；各项管理制度（包括财务管理制度）；经中介机构审计的上一年度财务报表（须包括资产负债表、损益表、现金流量表及财务报表附注）及审计报告；开户银行出具的存款证明；项目建设需占用土地的土地使用证明或协议复印件、项目自筹资金承诺函（因为参与项目建设的养殖场户有多个，必须提供每个养殖场户的土地使用证明文件和自筹资金承诺函）；获得的省、市级示范专业合作经济组织表彰的相关文件。农民专业合作经济组织与当地畜牧技术推广机构签订的技术推广和培训委托协议书复印件。

（四）申报书写作要求

关于项目申请书如何撰写，在政府部门的项目申请指南上都有详细的规定。一般而言，项目申请书的撰写内容大致可以归纳为以下十大要件：项目概要；项目背景介绍；项目的主要内容和目标；项目的必要性分析；项目的可行性分析；项目实施的关键和难点分析；项目主管单位和合作单位介绍；项目实施的范围、时间、步骤和进度安排；项目资金预算；项目书附录文件，具体的申报书编写格式参考大纲请见本书附录（国家农业综合开发产业化经营财政补助项目农民专业合作社申报书编写参考大纲）。

第八章　我国农民专业合作社典型案例

农民专业合作社作为伴随农村改革发展产生的新事物，是农民群众的伟大创造，是继家庭承包经营、乡镇经营、乡镇企业、农业产业化经营、农村税制改革之后，我国农村经营体制的又一制度创新。为了更进一步了解农民专业合作社，本章主要通过股权安排、品牌化经营、蔬菜业、水果业等十个典型案例的剖析反映我国农民专业合作社发展的一些基本特征。

第一节　股权安排案例

农民专业合作社要真正地实现民主管理，除了需要具备统一经营、利益联结与科技应用等方面外，规范的股权安排也是非常重要的条件，本节以苏南上林村土地股份合作社为例对股权安排型合作社进行案例分析。

一、苏南上林村土地股份合作社的产生背景

上林村紧靠太湖之滨，现辖 14 个自然村，2006 年末全村总人口 4 025 人，劳动力 2 700 人，其中 90%以上从事二、三产业，人均纯收入近 9 000 元。全村拥有耕地 173 公顷（其余为水面），人均耕地仅 0.043 公顷。上林村是个典型的农业村，以种植传统的粮油作物为主，水面资源较为丰富，盛产鱼虾蟹和水生蔬菜等，是远近闻名的“水八仙”专业村。该村未来发展目标是建立一个农业生态大乐园，包括千亩水生蔬菜基地、千亩优质粮食基地、40 公顷生态观光区、20 公顷生态园、33 公顷桑林草鸡立体养殖基地。

2006 年年初，遵循“依法、有偿、自愿”原则，上林村中 3 个村

民小组的117户农户和村经济合作社以16公顷(240亩)土地为股本,自发组建了“上林村土地股份合作社”(2008年更名为“上林村土地股份农业专业合作社”)。经估价,入股土地每亩折一股,每股作价5 000元,共计240股,注册资本120万元。合作社依法申请工商注册登记,领取营业执照,取得了法人资格,经济性质属集体所有制(股份合作制),经营范围是农产品自产自销,营业期限以二轮土地承包剩余期限为准,即自登记机关签发《营业执照》之日起至2028年止,共22年。

上林村刚开始只是在一个自然村搞土地股份合作试点,规模较小,合作社首年分红仅14.4万元。后来,村里有不少农户看到了入股带来的好处,纷纷提出入股要求。目前,全村1 132户全部加入了合作社,入股土地面积206公顷,注册资金1 547万元,合作社年总收入超过300万元,其中用于入股农户分红达190万元,农户每亩保底分红也由起初的600元,增加至660元。

通过分析可知,上林村土地股份合作社的产生和发展,具有特定的资源环境和社会经济条件。

(一)区域自然资源禀赋优越

上林村占地范围约670公顷,土地资源条件较为丰富。该村又紧靠太湖,有充足的水域资源优势,适宜种植水生蔬菜。村庄尽管与大中城市有一定距离,但交通便利,农产品运输畅通。此外,由于地处苏南,邻近上海,区域农产品销售市场十分广阔。

(二)农村劳动力大量转移,传统农地流转制度亟待创新

随着农村第二、第三产业发展和城镇化进程加快,上林村绝大多数劳动力外出务工或经商,真正从事农业生产的劳动力不足10%,土地出现闲置撂荒现象。而以往农户间自发进行的转包、转让、出租等流转方式存在规模狭小、方向单一、效率低下等缺陷,且因缺乏规范操作,易激发矛盾纠纷。另外,一些种养大户,因无法与一家一户进行谈判,其投资愿望和经营规模均受到极大限制。

(三)地方政府部门的大力扶持

上林村土地股份合作社的产生,离不开当地政府农业、工商、国土管理等部门的大力扶持和帮助。区委农村工作办公室对合作社筹建的全过程进行了政策和业务指导;区工商行政管理局帮助合作社注册登记,颁发了营业执照,为合作社取得法人资格和进行合法运营创造了条件;国土管理部门解决了合作社经营场地、仓库及办公设施等临时用地需要。

(四)村干部的积极倡导和参与

上林村土地股份合作社的产生,村领导班子的作用不可忽视。该村现任党支部书记是经全村党员选举产生,村领导班子凝聚力强,具有良好的威信和群众基础。2006 年年初,在村领导的积极倡导下,村里的 117 户农户很快自愿达成了一致入股的协议,其中有 7 户农户涉及 10 多亩耕地不愿入股,村领导通过说服将其土地调整至异地耕种,使入股土地达到集中连片。

二、上林村土地股份合作社的运行特征

上林村土地股份合作社是江苏省众多合作社中的一个典型代表,在产权结构、股权设置和收益分配等方面具有以下基本特征。

(一)构建了"三权分离"的产权结构关系

上林村土地股份合作社是部分农户为了追求增进共同利益而采取的一种集团行动,在传统家庭承包责任制"两权分离"基础上,它重新构建了所有权、承包权、经营权"三权分离"的产权结构关系,集体、农户、合作社之间的产权关系得以重新界定。集体拥有的土地所有权坚持不变,农户作为土地承包权的所有者,放弃了直接经营土地的权利,获得承包土地的股权,土地经营权由合作社集中掌握,统筹安排。

合作社通过招标发包或出租等有偿经营方式将入股的土地交付给种田大户进行经营,后者获得直接的土地使用权和经营权,并

按约向土地股份合作社交纳租金等。按照章程的规定和要求，土地股份合作社内部建立了股东代表大会、董事会和监事会等组织，在合作社中扮演不同的角色，形成了稳定的组织结构和相对应的产权结构。图 8-1 显示了上林村土地股份合作社内部各产权主体与其权利结构之间的对应关系。

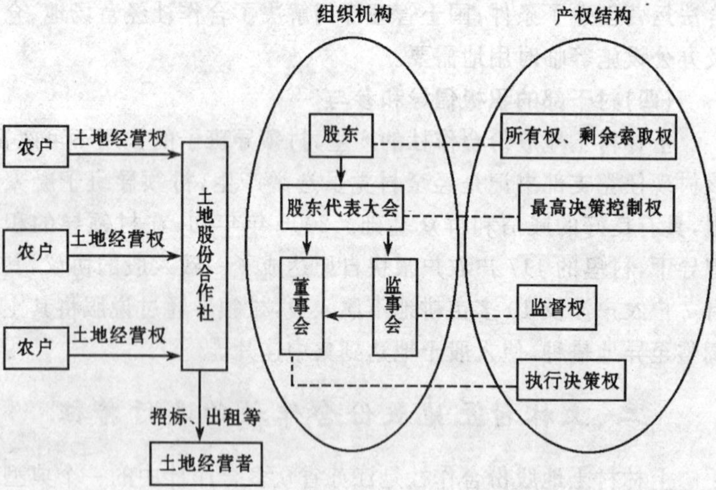

图 8-1　上林村土地股份合作社的产权主体与其权利结构关系

(二)股权设置包括集体股和农户个人股两种

上林村土地股份合作社由 117 户农户和村经济合作社共 118 位股东自发组成。土地量化折股方式由参股农户自行协商确定，原则上参照该前三年土地平均产值，结合土地承包经营权证上的剩余年限，最终确定 1 公顷土地作价 7.5 万元，入股土地 16 公顷，总作价为 120 万元。合作社股权设置包括村集体股和农户个人股两种，其中农户土地入股 15.31 公顷，作价 114.84 万元，占合作社认缴注册资本的 95.7%，村经济合作社以机动地入股 0.69 公顷，作价 5.16 万元，占认缴注册资本的 4.3%，是该合作社的最大股东。

(三)基本建立了“三会”制度

借鉴其他股份合作社的经验做法,上林村土地股份合作社建立了社员代表大会、董事会、监事会“三会”制度,其中社员代表大会是合作社的最高权力机构,在选举和表决时实行一人一票制。按照章程规定,合作社实行“自愿入股、利益共享、风险共担、民主管理”的管理制度,日常事务由董事会负责,重大事项由社员代表大会民主决策,村集体只有服务和协调权,村级领导干部不得列入董事长人选,现任董事长是全体股东从普通村民中选举产生的,村主要领导作为村经济合作社股东代表经选举后担任合作社普通监事。

(四)实行保底收益和浮动分红相结合的收益分配方式

按照按股分红的基本原则,上林村土地股份合作社年末税后利润按照弥补亏损、提取法定公积金和公益金、支付股利的先后顺序分配。分配方式采取保底收益和浮动分红相结合的办法,股东除了每年可获取每亩(股)600 元的土地保底收益分红,再视合作社效益参与二次分配,但基本上无论合作社经营业绩好坏,收益分配只增不减。

三、上林村土地股份合作社面临的现实困境

作为中国农地流转制度改革创新的一个产物,上林村土地股份合作社尚处于发展初期,在实践中面临诸多现实困境,暴露出制度本身的内在缺陷。

(一)合作社与村行政组织之间难以完全“政社分开”

作为独立的企业法人,合作社须有独立的名称、住所、出资方式和数额,与村行政组织之间必须完全脱钩。但是,现实情况是它们只是一种表面形式上的分离,仍然有些“政社不分”。合作社与村委会尽管各挂了一块牌子,两者的领导班子组成也不同,但实际上它们几乎在一处办公,村领导常常要兼顾合作社具体管理事务;又因合作社发展初期的资金限制,一些属于合作社的经费开支有

时也从村行政费用中列支，短期内难以做到真正的“政社分开”。

（二）股份集中度低，股权封闭性强

合作社在股权上只设置了两种股份，即农户个人股和村集体股，股权设置较为简单。合作社 118 位股东共拥有 240 股，平均每位股东 2.03 股，其中排名前三位的股东总股份数为 10.32 股、3.91 股、3.61 股，股份集中度 R3 为 0.074，股权分布较散，股份集中度低。按照上林村土地股份合作社章程规定，社员股权可以依法继承，但不得随意将入股土地收回，也不得买卖或为他人提供担保，经合作社和村委会同意方可在本社社员之间转让，可见股权封闭性较强，流动性不足。

（三）入股要素及其用途单一，土地产出效益增长缓慢

上林村土地合作社是一种纯土地股份合作社，土地为唯一的入股要素。入股要素的单一性极大地限制了资金、技术等其他生产要素的注入，制约了合作社经营规模的扩大和发展后劲，应尽早扩大合作社资金、技术等入股要素投入，走要素多元化的发展道路。该合作社入股后的土地主要用于水生蔬菜种植，其土地产出效益在初期较高于入股前水平，但相对于土地非农用途而言仍然偏低，土地产出效益增长缓慢。如何找到优势投资项目，提高土地产出水平，促进合作社的持续发展，是摆在合作社面前的首要难题。

（四）合作社各利益主体间产权关系有些模糊

尽管合作社章程中明确规定了农户、股东代表大会、董事会、监事会等不同主体的权利和义务，但相对于规范的现代股份制而言，该合作社的产权关系仍然较为模糊，实际上大多数农户股东的表决权、选举权等未能得到充分行使，股东对合作社的控制权与其剩余索取权相分离。在日常运行中合作社也未聘请专门的人员来负责合作社的经营管理，而是由合作社董事会主要成员和村领导干部管理日常事务。董事会成员大多是本村村民，文化层次低，不能有效担当起其应尽的职责，合作社主要权利被少数几个大股东或村干部所掌握，易于出现“内部人控制”现象。

(五)收益分配制度尚待完善，合作社激励和约束机制相对缺乏

该合作社采取的保底收益和浮动分红相结合的收益分配制度至少在目前具有一定的合理性，但是从长期而言，如不将合作社的收益分配与其实际经营绩效挂钩，势必增加其财务负担，制约长远发展。分配制度不健全也容易导致合作社内部激励和约束机制缺失，各成员主体收益与其经营业绩和承担的风险脱节，管理者的能力与报酬不相对应，滋长其惰性，股东不关心合作社的长远发展。此外，也可能造成少数合作社经营管理者滥用权利、谋取私利、滋生腐败等现象。

第二节　融资案例

近年来，农民专业合作社在全国各地蓬勃兴起，在促进农村经济发展和农民增收中发挥了重要作用。但是，资金紧缺是当前农民专业合作社普遍面临的主要问题之一。本节以日照市莒县夏庄镇花生专业合作社为例介绍融资案例。

2003 年初，日照市莒县夏庄汇丰花生专业合作社（以下简称“花生合作社”）探索建立了以保本增值结算方式为基础的“融物融资”+“合作社→社员”的金融互助模式（以下简称“夏庄模式”），在促进自身发展的同时，提高了小农户与大市场的对接程度，搭建了助农增收的直通车。

一、合作社概况

夏庄镇位于莒县最南端，是山东省花生种植面积最大的乡镇之一，种植面积近 4 万亩，年均产量 12 000 吨，花生企业年加工出口花生米 1 000 吨，实现销售收入过亿元。

(一)花生入股：信用合作的前提

2002 年以前，农户种植花生并没有产生良好的经济效益。农户只是单纯地在自家田地种植花生，花生成熟后就在家坐等外地商人来收购。由于花生在外地的知名度不高，前来收购的外地商人非常少。在这种“供过于求”的情况下，农户往往各自为战，相互压价，最低时仅有 0.045 元/千克。随供销社采购站经营转型，以薛祥喜为首的 6 名供销社职工看到收购花生销售给外地花生加工企业蕴含着商机，就集资 10 万元作为启动资金，2002 年 7 月成立了莒县夏庄供销社花生专业合作社，专门从事花生收购及销售。成立之初，花生合作社销售订单不断，收购量远小于订单量。由于花生加工企业多数延期付款，很快，花生合作社就因应收款项挤占资金过多而陷入了收购资金周转不灵的困境。为此，2003 年初，薛祥喜等人决定吸收部分农民以 1 000～5 000 千克花生作价入股，成立了注册资本 36 万元的莒县夏庄汇丰花生专业合作社，专门从事花生收购、深加工及销售。

(二)白条经济：商业信用的积累

靠着“花生入股”的方式，夏庄花生合作社积累了少量的流动资金。然而农产品贸易的利润来源于规模化经营，仅凭这有限的流动资金，远不足以承接大批量的订单。面对巨大的资金缺口，薛祥喜等人想到了一个最笨拙的办法：打欠条。然而对于一辈子和土地打交道的农民而言，把辛辛苦苦种出的花生换成一张轻飘飘的欠条，无疑是不愿意的。怎样才能让农民接受这种方式呢？价格是买卖关系中的决定因素，农民都想把自己手中的农产品卖个好价钱，市场上的花生价格瞬息万变，如果能够保证农民的产品卖出高价，这张欠条也就对农民具有了吸引力。

2003 年 1 月 20 日，他们一致表决通过了花生合作社第一项重大决议，推出了一种全新的结账方式——保本增值贮存业务，吸引花生种植户入社，并辅之以其他优惠措施，此举受到了农户的普遍欢迎。具体运作机制是以赊购花生方式吸纳社员，并推出“十大”社员优惠政策。只要种植户一年存放250千克花生，即可申请成为社员，由花生合作社向其发放社员证。作为花生合作社的社员能享受到“十大”优惠：①持证到花生合作社交售花生，每千克高于非社员0.04元；②花生合作社可为社员代储花生并折款贮存；③社员优先享受小额贷款担保；④优惠供应良种及种植技术指导；⑤到养猪合作社加工饲料每千克优惠0.04元；⑥社员交售生猪每千克高于市场价0.05元；⑦为社员优先供应良种仔猪及防疫技术指导；⑧到农资超市购买化肥每袋下浮2元；⑨农资超市免费为社员提供产前、产中、产后服务，为社员进行土壤化验、配方施肥、技术指导及组织专家授课培训；⑩社员持证到供销社的超市购物享受超市会员待遇。

与社员进行结算时，采取保本增值结账方式。农户将花生卖给专业合作社后，如果当时不支取现金，专业合作社按当天的市场价给农户打好收条，农户可根据自己对市场价格的判断，认为价格较理想时随时结算货款。如果结算当天，市场价格已高于农户收条的价格时，以市场价格为准；如果农户收条上的价格高于市场价格，结算时以收条上的价格为准。对于花生存放的期限，专业合作社规定期限最长不超过一年。一年到期后，存放花生款项全部结清。如农户暂时不用现金，可以连本带利继续存放在专业合作社，利息一年结一次，贮存期间年利率6%，月息四厘。从2003年起，有的社员已经7年没有提款，最高的在专业社存了价值10多万元的花生米。

（三）资金互助：金融信用的萌芽

花生合作社以保本增值结算方式为基础的“实物融资”这一独特的赊购和结算方式，较好地解决了花生合作社早期资金短缺问题，使其得到快速发展，已由最初的代储代存发展到精细加工、外贸出口等业务。按花生合作社每年实现各类花生交易周转10～30次计算，自2003年至今，合作社赊购花生节省的资金累计达1.5亿元，合作社已积累沉淀资金逾400万元，加上社员存的花生款400万元，合作社可动用的资金达800万元，大大缩短了合作社资本原始积累的时期。随着资本积累以及可利用的流动资金增加，2006年花生合作社开始尝试将闲余资金拆借，主要面向社员、加工厂、农资超市，开展资金融通互助，拓展合作社金融功能。一方面，对当地养猪专业合作社、农资超市等经济组织提供资金融通，由他们对花生合作社"社员"以及有"社员"担保的"非社员"购买猪饲料、地膜、农药等农业生产资料提供优惠，并对其发放低于同期银行利率的贷款。另一方面，扶持当地一些花生个体收购加工户和小型加工、贸易企业以及农资超市、村门市部，为其提供流动资金。目前，全镇及周边已发展花生加工企业48家。这些企业如同花生专业社分散在全镇的加工点，借助这些小企业，花生合作社在成本没有增加的情况下，达到了扩大经营的目的，每年出口花生约300万吨。

随着花生合作社知名度的扩大，周边乡镇不断有花生农户入社成为社员，截至2010年3月末，该社共有社员700户，业务已辐射本县及沂南县、莒南县等地100余个自然村，惠及农户13 000余户，已利用社员资金800余万元，形成自有资金360余万元，累计向社员、加工厂、农资超市累计提供资金达6 600万元，被当地农户亲切地称为"花生银行"。

二、合作社金融功能拓展的运作模式分析

早期，夏庄花生合作社从花生赊购入手，以实物实现融资，推动合作社的快速成长。花生合作社通过赊购花生的方式实现低成本的融资，这种不以营利为目的的融资互助模式较好地解决了其资金短缺问题，使其得到快速发展，由最初的代储代存发展到精细加

工、外贸出口等业务。后期，随着可利用的流动资金增加，夏庄花生合作社通过“金融互助”推动产业经济活动的全要素合作，尝试将闲余资金面向社员、加工厂、农资超市进行拆借，进一步拓展合作社金融功能。2006 年以来，夏庄花生合作社向社员、加工厂农资超市累计提供资金达 6 600 万元。

夏庄模式具有较强的比较优势，融资交易成本较低，缩短了合作社资本原始积累的时期，实现了社员、企业和合作社间的资金良性循环。从合作社层面上看，以 2009 年为例，花生合作社收购花生 7 500 吨，收购资金 37 500 万元。如从银行贷款获得资金，年利率在 9%左右，再加上相关的费用，融资成本达 11%～12%，而通过赊购融物的途径，花生合作社所支付给农户的年利率仅为 6%，为此，合作社节约的融资成本约 2 250 万元。从农户社员和花生加工企业层面看，一方面，通过合作组织进入市场，降低了他们的市场交易成本，也更加细化了专业分工，大幅度地提高了交易效率。另一方面，互助融资的产生为无担保抵押的农户发展规模经营提供了资金支持，通过对花生加工、收购企业或个体户的互利合作提供启动资金、优先供货、订单转让等方式，提高了在资金、货源、销路上都存在不足的小企业和个体收购加工户承接订单能力。同时，合作组织与农户之间可以利用相互之间的信息对称予以更直接更有效的监督，而且合同数量还大大减少，这些都有利于节约签约、执行和监督契约的成本。

夏庄模式较小额贷款公司等新型金融组织具有较大优越性。花生合作社优势是多方面的，但最大的优势应是花生合作社融资是依托实体经济，在合作经济框架内的民间借贷行为，不是单纯的框架外放贷，解决了小额贷款公司、信用社存在的信息不对称问题，同时花生经营的商业可持续使其放贷有了后续资金。从制度上看，在信用社迈向商业金融的形势下，花生合作社模式作为农村合作金融、弱势金融方面的创新，有较大的市场空间、生命力。

第三节 品牌化经营案例

任何一个农民合作社既要抓好组织建设，更要抓好生产经营。而当今时代抓好生产经营的根本之路就是抓好品牌建设。本节以河北省故城县三豆产业化经营合作社作为品牌经营型专业合作社进行案例分析。

故城县“三豆”产业化经营合作社是个以农民为主体，以外贸出口为依托，以地方特产“甘珠”牌“三豆”(即红小豆、绿豆、乌皮青仁豆)为主营产品，集生产、加工、销售为一体的农民专业合作社。合作社现有社员2 100多名，总资产800万元，基地种植面积5万多亩，涉及周边7县、50乡、400多村，带动2万多农户，累计实现农民增收6 000多万元。

一、完善合作社运行机制，坚持规范发展

故城县“三豆”产业化经营合作社的前身，是一个依托乡农业技术推广站兴办的经营实体。1990年，农技站利用自己的技术服务网络和与农民的紧密联系，引进推广了“冀红”系列红小豆优良品种，进行基地化种植。随着经营规模的不断扩大，1996年，他们组建了“三豆集团”。但是由于没有很好地把农民组织起来，市场好时，产品形成抢购，市场不好时产品又卖不出去，挫伤了农民种植的积极性。根据这一实际情况，他们转变实体的经营方式和组织结构，于2000年注册成立了故城“三豆”产业化经营合作社。合作社设有理事会和监事会，选举产生了理事长、15名理事、5名监事，具备规范的章程和健全完善的规章制度。合作社的运行机制为“一、二、三、四、五”。采取一种模式：订单农业。合作社与每个种植户签订保护价收购协议；规定以每千克比当年市场价格高出0.1元的收购价格，既保证了合作社的货源组织，又让利于民，增

加了农民收入。确保两个增加：即增加社员收入、增加合作社效益。实行三种股份：即社会股、劳动(业绩)股、资本股。社会股实际就是组织股，合作社根据股东发展种植面积及回收产品的数量、质量分配红利，实行多劳多得，同时根据合作社盈余核加红利。资本股是社员在交纳产品结算时比不入股的社员每斤高出的差价，年终结账时，再核加二次红利。资本股股金不固定，入股时间可长可短，股金数额可多可少，完全根据本人意愿确定。劳动(业绩)股主要是指入会的农民经纪人，根据交货的数量和质量核发二次分红数额。坚持四个结合：即统一种植与分散管理相结合、技术培训与物资服务相结合、典型示范与多元带动相结合、组织引导与利益联结相结合。保证五项统一：统一种植品种、统一签署订单、统一生产标准、统一技术指导、统一产品收购。

由于坚持规范发展，2002 年该社被评为“河北省十佳农民专业合作经济组织”，连续三届被河北省政府认定为“河北省农业产业化经营重点龙头企业”。

二、壮大合作社自身实力，多方位促农增收

“三豆”产业化经营合作社的宗旨是服务社员，促进增收。本着这一宗旨，几年来，他们既注重自身发展，又注重为农民创收，充分利用多样化的出资构成、多形式的利益联结、多方位的产销服务，有效促进社员的增收。几年来，他们靠滚动发展，到目前共有收购货场、仓储库房 3 000 米^2，具有国内先进水平的杂粮系列加工流水线一条，杂粮精品小包装设备 3 台(套)，综合办公楼 1 座，农民科技培训室 2 个，配备电脑、传真、复印、摄像等宣传设施 6 台(套)，总资产达到 800 万元。依靠自身实力，采取多种措施促进社员增收。一是引进新品种。创社初期，由于豆农种植的品种不好，产量低且品质差。为从根本上解决这一问题，从 2002 年开始，他们引进了冀红 9301，产量从 85 多千克发展到 150 多千克，高的达

到了 250 多千克，靠这一项社员每亩年可多收入 200 多元。二是推广新技术。除每年坚持多次聘请专家授课外，他们还自办小报为农民提供信息，传授技术。通过引进、示范、推广新技术栽培，既增加了产量，又提高了品质。三是价格保障，对入社社员，合作社每千克收购价高于市场价格 0.1 元，仅这一项每年社员就获利 200 多万元。四是盈余返还。每年根据经营情况，为社员分红几十万元。几年来，合作社通过发展“三豆”生产，累计为农民增收 6 000 多万元。

三、坚持现代农业发展理念，以组织化提升产业化

一是坚持标准化生产。他们坚持用现代农业理念，把绿色、无公害标准化生产作为主攻方向，加大科研和培训力度，提高产品科技含量，从而扩大产品知名度，增强产品的市场竞争力和占有量。产前，为社员统一提供优良种子；产中提供技术指导，并严格种植标准；重要环节严格把关。在“三豆”生产的关键季节，合作社聘请专家教授到社员的田间地头进行巡回指导，并组织专题讲座，及时无偿地为社员和种植户提供技术服务，确保了红小豆的标准化生产。二是实施品牌战略。他们把创名牌作为提高合作社知名度和经营效益的一项重要措施。他们的主导产品“甘珠”牌红小豆，连续 6 届荣获“河北省名优产品”称号，2003 年通过了国家 A 级绿色食品认证和国际质量管理体系 ISO 9000 认证，2004 年被评定为“河北名牌产品”和“中国 2004 年上海绿博会畅销产品”。同年，合作社所在地——故城县被授予“河北红小豆之乡”称号。2006 年 10 月，在第四届国际农产品交易会上，“甘珠”牌红小豆被农业部评为“中国名牌农产品”，是全国 96 家被授予“名牌农产品”称号中唯一一个农民专业合作社品牌，也是第一家获得“中国名牌农产品”称号的农民专业合作社品牌。“甘珠”牌红小豆现已远销日本、韩国、我国台湾及东南亚一些国家和地区。三是重视基地建设。

基地是发展的基础，也是带动力量。他们有自己的园区，通过园区试验示范，引进新品种、新技术，确保社员种植的成功与高效益。四是抓产品深加工。从2007年开始，他们与中国农业科学院农产品加工研究所合作开发了“红豆沙全粉”、“红小豆薄脆片”、“红小豆速溶颗粒”三个高科技新产品，现已研制成功，其中“红豆沙全粉”成功申报国家专利，在北京第四届国际农产品交易会上试销，深受顾客欢迎。2008年投入批量生产。产品的深加工将会给社员带来更大的效益。

第四节　规模化发展案例

加强引导，切实提高专业合作社规模化发展，积极引导专业合作社向规模化方向发展是农民专业合作社发展的必然方向。因此本节以通辽市开鲁县温忠畜牧养殖专业合作社为例来对规模化发展案例进行分析。

近年来，通辽市开鲁县温忠畜牧养殖专业合作社发挥示范带动作用、加快产业化进程和标准化养猪小区建设，积极发展规模化养殖，带领当地养殖户增收致富。

一、合作社发展概况

温忠畜牧养殖专业合作社于2007年11月19日注册成立，注册资本1.53万元，按照《中华人民共和国农民专业合作社法》的要求，专业社有机构、章程和制度，农民成员占社员总数的81%，非农社员占19%。成员大会是专业社的最高权力机构，理事会是成员大会的执行机构，由5名理事组成，同时设有3名成员组成的监事会。专业社成员21人，带动养殖户230户，年生猪养殖23 000口，年销售生猪可达13 000余口，销售利润额达520万元以上，真正让农民得到了实惠，看到了致富门路，带动效果明显，收益成效显著。2007年，法定代表人温忠被授予“全县十佳农民”称号并当选为通辽市劳动模范和人大代表。现专业社拥有固定资产200余万元，其中办公室用房3间、库房500米^2、高标准猪舍14栋3 940米^2。专业社辐射养猪农户101户，分布于开鲁镇、小街基镇、吉日嘎郎吐镇、麦新镇等镇村。北京、吉林、辽宁等地客商与合作社都有业务往来。

二、经营宗旨、发展理念、经营思路和业务措施

该社坚持以为农民提供服务、促进生猪产业发展、谋求实现共同最佳效益为经营宗旨，以“企业＋农户＋基地”为经营理念，以科学管理、注重质量和品牌效应为经营思路，架起农民与市场之间的桥梁纽带。主要业务措施是统一提供猪源、统一技术培训、统一生猪饲养管理和提供购销信息服务。实际操作中实行专门技术培训和饲养管理技术指导，专人了解生猪市场行情、联络客商，确保社员生猪养殖经营和销售便捷，增加收入。养猪户加入合作社成为社员后，可提高抵御市场风险能力，得到养猪实用技术和优惠的饲料供应，而且可以享受生猪出售时比非社员户每千克高出1～2元的价格，每口猪大约可多收入70多元，效益可观。猪源除了自繁自育外，主要通过专业社从北京、吉林、辽宁等地购进。猪的品种是优质的长白猪、大白猪、皮特兰等。育肥猪除销往金锣集团和霍林郭勒市外，还远销北京、吉林等地。现在专业社的生猪已经通过国家级无公害生猪认证。专业社成立以来，为促进和保障养猪业的高效益发展，先后三次聘请美国辉瑞公司、上海诺华公司专家进行生猪养殖技术培训，累计培训养猪户500余人次。

三、规模化养殖

发展养殖业特别是规模养殖，关键是掌握科学的养殖技术和搞好防疫。合作社成立后，为提高社员养殖水平，每年定期组织社

员学习养殖技术和防疫知识，并及时通报疫情，提高技术水平，社员可以自己给猪防疫。几年来已培训养殖户360多人次。合作社还先后聘请饲料生产的营养学专家讲疫病防治、市场预测和科学饲养等方面的知识，每月定期召开交流会，社员相互交流养殖技术、心得和有关信息，互通有无、互相帮助、互相提高。

养殖要想赚钱，要把握好三个环节，即饲料采购、生猪销售和市场预测。在饲料采购方面，合作社多次到沈阳、长春、山东等地饲料厂家进行实地考察，货比三家，最终确定了合作社饲料供应基地。在保证饲料质量的前提下平均每吨比当地市场价格优惠了100多元，并按一定的数量进行返点。仅此一项就为养殖户节省生产成本30多万元。为保证生猪价格稳定，避免造成不必要的经济损失，专业社利用网络优势，定期召开会议，向养殖户公布市场需求信息，及时指导生猪出售。

规模化是养殖的发展方向。为带动农民走生猪养殖产业化之路，2009年将县政府奖励的100万元养猪基金投入到万头养猪基地的扩建项目之中，并作为合作社的股份。同时扩大社员入股103户，入股资金100万元。协调贷款100万元用于万头养猪基地扩建项目。目前已建成10栋110间占地面积50亩的养猪基地和180米^{2}的办公用房。配备了现代化的喂养和清洁系统，办公室内部设可容纳60人的会议室，电脑、电视、VCD投影电教设施。基地建设为专业社更好发挥示范带动作用、加快产业化进程和标准化养猪小区建设奠定了基础。

温忠畜牧养殖专业合作社实施农民入股经营，改变了传统的养殖方式。开始了养殖户个体经营向规模经营、由分散经营向集约经营的转变。吸纳的入股股金用于从厂家统一购进饲料，每吨节省300元。以前一家一户散养，除去成本每头猪最多能赚200元。实行集约养殖后，由合作社社员大户带小户定期批量出栏，形成产量优势，并实行统一销售，直接销往大城市的终端市场，既稳定了市场价格，又省去了中间商的获利空间，提高了效益，每头猪净赚300多元。此外，社员每年还可分得股金20%的红利。2009年以来合作社已向社员发红利累计52万余元，社员户年平均增收6万元。

第五节　蔬菜业案例

合作社涉及的产业宽、地区广，根据组织发起者的身份各有不同，既有粮食、棉花、油料、蔬菜、水果等种植业，也有农机、用水、运输等服务业。本节以重庆蜀都蔬菜种植专业合作社作为蔬菜业案例进行分析。

一、合作社发展历程和基本情况

2010年8月19日，由西南大学、新疆农业大学的5名教授、吴书柱等15名大学生、29名蔬菜种植户联合成立了重庆蜀都蔬菜种植专业合作社，随即在工商部门进行了注册登记。合作社成立后，把从事蔬菜种植、跟踪蔬菜种植、打造有机蔬菜、创建蔬菜品牌、实现均衡市场供应、增加农民收入和扩大蔬菜的加工增值作为合作社的发展目标；把立足生态农业、带动成员致富、关注百姓健康、促进社会和谐作为合作社发展宗旨。

合作社从成立2011年5月，出资总额264万元；已发展成员660户；璧山县15个镇街，入社成员分布的镇街就有10余个；成员蔬菜种植面积5 300多亩，辐射种植面积35 000多亩，无公害蔬菜基地1个，能常年为消费者提供各类蔬菜1万吨以上，现有管理人员10名，其中专业技术人员2名，营销人员4名；合作社正筹备在重庆大学城设立1个蔬菜直销点。合作社是目前璧山县成员和生产基地跨镇街最多、种植规模最大的蔬菜种植合作社。

二、建立完善运行机制

合作社按“民办、民管、民受益”原则管理和运作，组织机构健全，管理制度完备。在璧山县城街道沿河东路设立了固定的办公场所，配备了办公设备。结合实际制定了章程和管理制度、营销管理制度、技术服务制度、成员管理制度等内部管理制度，做到事务管理有章可循。设立了成员大会，民主选举产生了理事会和监事会，设立了日常事务管理办公室，明确各机构的活动范围、责任和权利。合作社内部分设了营销部、技术服务部、项目部、服务部。营销部联络客商，开拓市场，建立销售网络；技术部采取技术培训和技术指导的方式，负责蔬菜种植的日常管理及提高成员的生产技能；项目部负责合作社内部蔬菜项目的研发与实施，对外相关农业项目的争取；财务部负责财务账目、成本核算与资金管理，接受业务主管部门和成员监督。完善利益分配方式。合作社集中收购成员的蔬菜后，定期与成员进行现余结算。及时兑现成员的销售收入。当年经营盈利按20%的标准提取公积金、公益金和风险准备金，然后按成员与合作社的业务交易额进行比例返还，返还总额不低于可分配盈余的60%，最后经成员大会讨论后进行股金分红。

三、营销服务内容及成效

(一)努力推进“农校对接”和“农超对接”，拓展销售渠道

一方面把蔬菜的销售作为促进成员增收的抓手和工作重点，落实人员专门负责蔬菜的营销工作，在组织成员的蔬菜供应批发市场外，成功实现了“农校对接”。截至目前，与重庆大学、重庆师范学院、重庆管理学院等多所高校进行了正式的对接合作，每天固定向高校供应各类蔬菜5吨以上。另一方面，合作社与重百、新世纪、永辉、重客隆四大超市签署了4 200吨蔬菜供应的意向性协

议。协议签订后，成员的蔬菜一改原来低价没人收购的状况，呈现出销售量、价齐升的良好态势。由于合作社实现了“农超对接”，蔬菜销售价格比普通地头收购高了20%～30%，成员和菜农不仅解决了蔬菜销售困难，每亩还增收近千元。“农校对接”和“农超对接”，成功拓宽了成员蔬菜的销售渠道，既减少了学校与超市采购农产品的环节，降低了学校、超市的采购成本，还降低了成员蔬菜销售的中间成本，提高了蔬菜的销售价格。

（二）加强信息服务，增强成员把握市场的能力

及时的天气预报能让农民做好蔬菜生产的安排，减少恶劣天气造成的损失；准确的市场信息能让农民更好地调整好蔬菜的种植与销售等工作，以免造成经济损失。一方面利用飞信每天给成员免费发送天气预报、近期病虫灾害防治等信息，免去成员每个月定制天气预报等费用；另一方面利用互联网建立自己的网络平台，在邻省进行大范围的蔬菜市场信息调查后，以飞信或电话将各类蔬菜的市场供求情况、批发和零售价格及时传递给成员让他们了解市场上蔬菜的供求状况，减少亏损，保障收入。

（三）进行宣传培训，提升成员素质

成立至今，合作社已举办了多期不同规模的培训班，分别就国家对农村、农业、农民法规政策、各类蔬菜科学种植管理技术、假药假肥料的识别等知识对成员展开培训，已累计培训成员和菜农910余人。合作社还向农民宣传维权知识，要求成员使用无公害农药和化肥，栽种环保型的蔬菜，逐步实现无公害蔬菜向有机蔬菜的跨越。同时，树立品牌，将合作社的农产品向高端市场晋升，实现品牌化和产业化，实现合作社的蔬菜产品走向全国、走向世界的目标。

（四）降低蔬菜种植成本，增加成员收入

“加入合作社以后，合作社不仅把无公害肥料送上门，每包还比市场价低了好几元”，这是成员由衷的感慨。为给成员带去实惠，合作社不光严把肥料质量关，而且以每包肥料比市场价低 1～6 元的浮动标准，免费为成员把无公害肥料送到家门口。合作社已完成了第一期 200 吨化肥的派送目标，为成员每年每亩土地节省 80 多元，总共为成员节省了近 50 万元的生产成本。2010 年 11 月，合作社还把新研究成果杂交西红柿种子免费送到了成员家里，让农民进行种植试验：一方面保障了成员以后的蔬菜生产。另一方面大大降低了成员的生产成本，促进了成员增产增收。

(五)进行技术指导与服务，促进科技推广

长期种植蔬菜的成员虽然有着丰富的蔬菜管理经验，但由于田间病菌长期难以得到根治，农药很难起到显著的作用，病虫害直接导致蔬菜减产、成员亏损。还有就是成员在短期内单纯为追求蔬菜的产量，在蔬菜种植期间大量超标使用化肥、农药，导致对土壤造成伤害，进而影响蔬菜的产量和品质。合作社的大学生技术员通过举办技术培训班、现场指导示范等方式给成员传授防治蔬菜病虫害的知识，还联系西南大学农学院和新疆农业大学的教授专家一方面对其土壤进行化验，针对土壤的不同情况指导成员合理选用药肥进行施肥用药；一方面保障蔬菜种植管理的技术咨询和蔬菜品种开发工作。通过大学生和高校技术力量的参与和有力支持，减少了蔬菜病虫害的发生，降低了成员的经济损失，促进了农业科技的推广，加快了蔬菜无公害化生产进程。如今在成员当中流传着这么一句话：有事找民警，有种植困难找合作社。

(六)维护成员权益，保护成员利益

在成员因自己购入假药施用造成经济损失后，合作社并没有坐视不管。而是组织人员对施用药物进行调查与鉴定，及时到县农业执法大队等相关部门立案，与有关部门协调，想方设法为受到损失的成员获得合理的赔偿，合作社累计解决了 16 起因药肥不合格造成的蔬菜种植户的重大经济损失案件。一些蔬菜种植户流转土地后因没能与当地村社、土地转出方进行良好沟通，形成了很多矛盾，合作社就积极地与当地政府衔接和协商，为成员争取到经济损失赔偿。对有参与种菜或扩大蔬菜种植规模意愿的成员，合作社积极地为他们寻找符合要求的土地，进行统一的规划种植，并提供统一技术指导和培训。合作社通过积极主动地为成员提供服务。

第六节　水果业案例

一、合作社成立背景

2006 年 10 月份以来，西安果友协会 100 家基层工作站（分会）逐步转化成主要以果品生产、管理、销售的果友专业合作社，通过近三年的努力已有果友专业合作社 500 家，同时也在不断帮助更多的农民组建新的果友专业合作社。

但是，各地农民专业合作社目前处于独立、盲目发展，基本上处于停滞状态。各农民专业合作社纷纷要求成立一个联合体，统一指导合作社发展，只有联合才能生存，谋求农民专业合作社取得长远发展，提高社员增产增收，真正为社员办实事、办好事。

2008 年 11 月 20 日，西安果友协会立足陕西乃至全国苹果产业体系发展，依托西北农林科技大学技术和管理优势成立了陕西杨凌农夫果业专业合作社。陕西杨凌农夫果业专业合作社由杨凌创新果友协会、蒲城绿建农夫果友专业合作社、大荔农夫果友专业合作社、宝鸡农夫果友专业合作社、咸阳鑫农农夫果友专业合作社、天水农夫果友专业合作社等 10 家农民专业合作社联合成立。

合作社主要从事果品新技术的推广、农资销售、大宗果品的交易、合作社的管理与培训、信息化服务等工作。农夫果业现拥有苗木基地 80 亩（与西北农林科技大学园艺学院合资），有机苹果、酥梨、猕猴桃生产基地 300 亩、示范园 10 000 亩，具有国家农业部有机产品认证资格，绿色无公害产品品牌“健康家族”。

二、合作社的主要工作

(一)营　销

营销是合作社工作的核心内容，也是保证合作社生存、发展、成长的关键。农夫果业营销主要开展农资营销和农副产品营销，同时也接受基层合作社委托代购、委托代销业务。

1. 农资经营　合作社的农资经营是由基层合作社联合起来，委托合作社与农资企业签订供销合同。农夫果业代表500家合作社与农资企业签订合同，取得的利益空间远远大于合作社单独与农资企业签订供销合同，同时也分散、转移、化解了农资企业销售劣质农资的市场风险，保障了基层合作社的利益，维护广大农户的根本利益。根据《中华人民共和国农民专业合作社法》(以下简称《合作社法》)规定，年底利润分红要根据交易额或者交易量分配。基层合作社通过年底利润分配，农民会获得部分分红，降低了农业生产经营的成本。

2. 农产品销售　自合作社成立以来，农产品销售就是合作社的主要工作。合作社主要是通过以下途径来进行：统一生产保证产品质量。农夫果业根据各基层合作社的具体情况制定统一又有区别标志的条形码，让每一个果品具有自己的“身份验证码”，保证消费者通过中国果业网和800电话查验每一个有机果品的生产信息资料翔实、客观、公正，真正让每一位消费者吃到安全、健康、无公害的有机果品。

统一品牌争取开创市场。农夫果业注册了“健康家族”商标，成立专门的品牌建设部门，通过各种市场销售渠道提升果品品牌价值。农夫果业与基层合作社签订“健康家族”品牌共享加盟合同，利用农夫果业的商标价值及信用程度销售基层合作社的各类农副产品，为基层合作社增加经济收入提供更好的品牌增值空间。

农夫果业根据各种水果的特性印制各类果品礼品、高、中、低四档包装箱，通过统一的包装提高基层合作社市场销售占有份额，同时为保证每一个基层合作社的独立性，在包装盒上明确注明生产基地为“XX果友专业合作社”生产，促进基层合作社做好销售的各项工作，提高农民经济增长空间。

专业销售团队保证销售渠道。农夫果业根据国内外的年度果品销售市场情况，确定不同年度的果品销售工作指南。合作社聘请销售能力强的销售经理和销售团队，从事专门的果品销售工作。目前陕西省已经展开“农产品与超市对接窗口试点”，农夫果业作为农产品试点生产基地积极组织基层合作社做好销售工作。同时，在西安胡家庙水果批发市场、朱雀果品批发市场等重要的批发市场进行果品销售。

南北互动，合作共济。农夫果业积极拓展国外各种果品销售渠道，委托香港一家外贸出口公司与海外多家外贸出口公司签订出口供销合同，通过国家农副产品的质量技术管理要求，欧盟农副产品进口标准进行出口供应，坚持“引进来，走出去”的方针。

农夫果业在南方城市农贸市场建立南北互动、合作共济的销售网络体系。南北双方生产的农产品通过农夫果业的销售渠道免费共享，降低销售成本和相关费用，直接实现合作社与合作社的对接、合作社与消费者对接。促进合作社之间联合，真正实现合作社的“对内服务、对外盈利”市场定位发展目标，为农民经济增长提供更加实际的营销模式。

(二)合作社信息化

农夫果业与基层合作社建设统一信息网络平台，通过农民专业合作社管理软件，在中国果业网、陕西果业报等多家网络媒体的共同努力下，着力打造资源共享、信息均衡、技术保障的网络服务体系，保障了农夫果业与基层合作社之间最有效、最短时间、最直接沟通，为基层合作社的发展提供合理、科学的技术和管理保障。

（三）合作社财务管理

陕西省各地农民专业合作社财务管理制度存在很多问题，例如财务管理体系尚未建立，财务会计资格尚未具备，会计电算化尚未普及。针对基层合作社所存在财务管理问题，农夫果业与软件开发企业签署关于农民专业合作社管理软件开发和核心代理权协议，从技术角度解决了合作社财务管理的难题，为合作社的财务管理提供有力保障。

针对基层合作社大部分会计人员没有资格认证的情况，农夫果业借助陕西省会计师协会、陕西省农经站、西北农林科技大学经管学院、西安财经学院会计学院的力量，为基层合作社提供专业知识和技能培训工作，农夫果业组织和实施陕西省农民专业合作社财务人员的培训管理工作。

基层合作社在会计账务公开化制度建设、会计费用报销标准制度建设、财务报表呈报工作，与国家税务机构、地方税务机构进行合理报税、年度审查报告体系建设，与农村信用合作社、农业银行等开户、资金周转金融机构良好的业务往来管理体系上比较缺乏经验，针对这些问题农夫果业积极作出了相关制度标准建设并且树立示范性基层合作社，为各基层合作社财务管理制度提供合理、科学、务实的技术保障。

三、合作社发展瓶颈问题

陕西杨凌农夫果业专业合作社作为陕西苹果产区乃至陕西省比较典型的合作社联盟形式存在，开展的各项工作对农民专业合作社发展都有着典型的代表性，为陕西地区农民专业合作社发展起到一定的促进作用，帮助农民增产增收和实现苹果产区现代农业、信息化农业发展具有深远的意义。但是，合作社的发展中还存在很多不足。比如，制度建设体系不够完善、财务管理体系不够健全、管理水平尚不够科学、融资渠道不够合理等。这些问题不仅制约当前农夫果业发展的进程，同时也影响农民专业合作社事业的长远发展。

（一）财务管理制度不完善

国家针对合作社颁布了《农民专业合作社财务会计管理条例》，从制度上给予了保障，同时出台了各项税收优惠政策，这些在宏观上给农民专业合作社发展提供了比较科学、合理的制度前提，也为农民专业合作社发展起到更好推动作用。农民专业合作社基本上配备了财务和出纳人员，然而各农民专业合作社的财务人员由于没有经过专门的学习和培训，只能简单进行收付实现制会计核算，不能够应用财务会计条例的复式记账方法，这为财务会计核算带来了巨大的困难。国家有关部门针对这一问题进行了相关培训并组织专门人员进行辅导，但是根据笔者调研发现大部分农民专业合作社并没有享受到国家这样的政策扶持。农民专业合作社财务会计电算化比较落后，尚未建立财务电算化体系。农民专业合作社没有经过专门财务培训的财会工作人员，也是制约农民专业合作社发展的重要瓶颈。

（二）农民专业合作社融资渠道狭窄，融资困难

农民专业合作社作为独立法人，在国家的金融扶持政策上是可以得到相关扶持的，但是实际情况却是多数合作社很难在农村金融机构获得资金。农民专业合作社注册资金比较少，开展的新生产经营项目无法获得金融机构的质押贷款评估审计，也就不可能获得金融机构的直接贷款，无法为农民专业合作社发展提供资金保证，农业项目也就无从实施。农民专业合作社资金结构限制了其融资渠道，国家在相关部门的贷款要求中已经严格控制了贷款的风险管理系统指标体系指数，农民专业合作社尚不具备相关指标考核，也就无法保证农民专业合作社贷款取得成功。

另外，农民专业合作社在财务账务上无法体现合作社的资金流向问题，也无法显示合作社资本结构的合理性，农民专业合作社财务人员通过银行机构往来账户业务量少、业务数额小，作为金融监督管理部门也无法为农民专业合作社作金融信用等级评价。

(三)农民专业合作社缺乏专业人才

合作社人力资源配置结构尚不合理，其中专职人员6人，本科及本科以上文化程度2人，其余均为专科文化程度；技术服务人员30人，80%人员为高中文化程度，剩余为初中文化程度。专业从事农民专业合作社制度研究，指导农民专业合作社发展的仅有一人，这并不能够满足当前杨凌农夫果业专业合作社发展需要。

第七节　养殖业案例

本节主要以伊宁市新生源奶牛养殖专业合作社为典型案例介绍养殖业案例的分析。伊犁河谷地区具有良好的奶牛养殖基础和种群优势，是新疆优良的奶牛养殖区。2010年年初，伊犁哈萨克自治州(以下简称伊犁州)奶牛存栏116万头，良种及改良奶牛70.52万头，荷斯坦产奶母牛4万多头，年生产牛奶51.84万吨。为了加快奶业发展，伊犁州将推进奶业合作组织建设作为实施奶业富民战略，调整农村经济结构，开拓农牧民增收渠道的重要举措，从财政扶持、土地调整、信贷支持、技术服务等方面出台一系列优惠政策，2010年年底，共建奶牛养殖专业合作社110个，入社社员3 691人，带动农户7 518户。伊宁市新生源奶牛养殖专业合作社就是其中之一，而它的运行和管理方式又有别于一般的合作社。

一、新生源奶牛养殖专业合作社的基本情况

新生源奶牛养殖专业合作社2010年11月成立，入社社员有48户，奶牛471头，日产鲜奶8吨。合作社的运行模式为“奶农＋合作社(养殖小区)＋企业”。伊宁市政府将投资1 740万元建成的可容纳1 000头牛的现代化奶牛养殖场(其中土建投资1 500万

元，配套设备投资240万元，主要建设工程有3栋现代化牛舍、1栋隔离舍、1栋产房、1栋犊牛舍、9 000米^{3}青贮窖、4座堆草场、1处堆粪场、1座可容纳32头牛的现代化挤奶厅及相关配套附属设施），由新生源奶牛养殖专业合作社无偿使用，合作社又将奶牛养殖场托管给乳品企业（伊犁中洲伊源生物技术有限责任公司）进行管理，合作社有监督企业履行协议条款的职责，不干涉企业的管理行为，但对企业的不合理规定有建议权。

二、新生源奶牛养殖专业合作社与养殖户的关系

新生源奶牛养殖专业合作社的入社方式有3种。一是奶牛托管方式，合作社与养殖户签订协议，以5年为期，凡是符合托管标准的生产母牛，都可进入养殖场按照“五统一”（统一饲养标准、统一品种改良、统一疫病防治、统一挤奶、统一产品销售）的标准进行饲养。根据每头奶牛的产奶量，每年给养殖户1 800～2 600元的现金。进入养殖场的奶牛按照进场时的协议价5年后由合作社以现金形式如数奉还，或者还给养殖户一头同样年龄、品质的奶牛。二是奶牛租赁方式，合作社根据养殖户的奶牛品种、产犊时间、产奶量等状况，以租赁的方式将养殖户的奶牛按年或按月进行统一饲养，给养殖户付租金，租期到了还给养殖户原租赁的奶牛。三是入场自养，即养殖户自己带牛进入养殖场，按照养殖场的“五统一”标准进行饲喂。每月底，合作社从奶款中扣除饲草料费用及其他费用，并从中另行抽取每千克0.2元的利润。

三、新生源奶牛养殖专业合作社与托管企业的关系

由于合作社成立是政府行为，合作社成员多是养殖户，没有经营管理牛场的经验。因此，合作社又将养殖场托管给有经营经验的乳品企业（伊犁中洲伊源生物技术有限责任公司）进行管理。合

作社实行理事会领导下的总经理负责制，为加强领导和监督，合作社理事会理事长由伊宁市巴音岱镇选派，总经理由伊犁中洲伊源生物技术有限责任公司选派，总经理负责合作社的日常经营管理活动，重大决策须经理事会集体研究决定。

合作社和企业之间主要通过合同约定双方的职权、交易行为、利益分配、帮助扶持政策等。主要包括以下几项内容。

(一)提供设备

公司提供奶罐等牛奶制冷、贮藏设施及牛奶检测试剂及相关仪器，由合作社与公司签订使用协议。

(二)技术服务

企业配有专业的技术人员每月进行不少于两次的巡访，及时进行疾病治疗、配种等，对合作社成员，只收取药品成本费和冻精费，不收取服务费。企业还选派技术员根据合作社成员的具体情况，为他们制定有针对性的饲养方案，推广科学饲养技术。

(三)优价供应饲料及兽药

企业与知名饲料公司签订合作协议，统一引进全混合饲粮，将优质全价饲料平价供应合作社，奶农可不支付现金，饲料费从每月奶款中扣除；奶农的兽药购买也采取类似做法。

(四)提供平价优质奶牛

企业从自有养殖基地挑选优质头胎母牛，以按揭方式提供给信誉良好、具备饲养条件、有扩大养殖规模意愿的农户。企业还以优价收购农户的牛犊，减轻农户的饲养负担，增加其养殖收益。

(五)金融帮扶

企业帮助合作社成员解决资金短缺问题。一是借款帮助。合作社成员可以通过合作社向公司借款，之后分月从奶款中扣回。二是贷款帮助。合作社成员向银行贷款时，企业以资产为农户提供贷款担保，但奶牛合作社必须先以合作社的奶款、奶牛进行反担保。当农户无法偿还银行贷款时，就要用合作社的奶款、奶牛进行赔偿。

四、新生源奶牛养殖专业合作社成立以来的成效

(一)饲养水平提高,奶牛品种改良,牛奶产量增加,奶农收入提高

经过技术培训及引进良种牛,合作社养殖户的奶牛平均单产由每年3.5吨提高到5吨。使用优质冻精后,新产的小牛都是良种母牛,奶牛品种得到改良。

(二)企业得到了优质稳定的奶源

"五统一"的管理方式,消除了以往养殖户掺假造假现象。"人不触奶、奶不露天、封闭储运"的生鲜乳收购运输方式,使鲜奶达到优质鲜奶标准,优质的奶源确保了优质的奶产品,企业产品的市场竞争力得以提高。

(三)银行向农户贷款有所增加

通过公司的担保和合作社的反担保机制,银行向农户放贷的风险下降,增加了对合作社成员的放贷量,实现了银行和农户的双赢。

(四)奶牛养殖风险降低,养殖户的收入增加

入社的养殖户有效解决了自家鲜奶难储存,被奶站、奶贩压级压价的问题;托管奶牛的养殖户还从繁重的喂养劳动中解放出来,可以从事其他劳动获取额外收入,养殖风险大大降低。

第八节　农机合作案例

则字村位于吉林省乾安县西南35千米处,全村共有农户346户,人口1460人,其中劳动力870人。全村辖区面积1350公顷,耕地1050公顷,全部为旱田,种植作物以玉米和杂粮杂豆为主。长期以来,由于农户的分散型经营,小四轮拖拉机等小型农机具成

为农业生产的主要动力，其负面效应也日渐显现出来，诸如深松、深翻、旋耕等许多机械作业小型农机具都无法完成，造成土壤严重板结，粮食增产潜力下降，农机发展水平徘徊在一种低水平重复建设的状态下，作业成本高，资源浪费严重。面对着缺少大型农机具这一现状，一家一户分散经营的农户因受作业规模、资金承受能力等方面的影响，有心购买大型农机具却又无能为力。发展"大农机"与"小户分散经营"的矛盾长期困扰着该村耕作制度的改革，成为阻碍推进农业生产力发展的制约"瓶颈"。

一、成立发展过程

为了提高农业机械化发展水平，探索市场经济条件下发展农业生产全程机械化的新路子，2004 年 9 月吉林省农机化示范区项目落户则字村，2004 年和 2005 年由国家投入资金 480 万元，农民自筹资金 200 万元，购置大中型农机具 11 台，并于 2005 年 1 月 6 日正式成立了农机合作社。合作社组建形式是采取股份合作制，即农户按照"谁入股谁受益、风险共担、利益共享"的原则，以承包的耕地作为入股资产，自愿入股，年底按股分红。合作社在启动之初，为调动农户入社的积极性，消除后顾之忧，合作社以每年每公顷耕地不低于 4 000 元的价格租种入股农户的耕地。2005 年全村共有 138 户农户 220 公顷耕地入股合作社。

经过近三年的发展，则字村农机合作社已建成占地约 1.6 公顷的集机具停放、机具维修、油料储备、人员办公、粮食晾晒于一体的办公场所；现有 5 台大型履带拖拉机、5 台大型轮式拖拉机、1 台 24 马力拖拉机、5 台自卸拖车、3 台气吸式大型精量播种机、1 台牵引式玉米收获机、2 台植保机械以及重耙、轻耙、液压旋转翻转犁、灭茬机等 50 余台(套)机具；架设 380 千伏线路 1 400 延长米；打机电井 43 眼，全部配套水泵和喷灌设施。截止 2007 年，合作社入社农户达到 230 户，占全村农户的 62%，入股耕地 50 公顷，占全村耕地的47%，入股耕地全部实行集中耕种、粮食生产实现全程机械化作业。通过机械化作业，每公顷降低生产成本500元，合作社实现机械作业收入20万元，扣除日常维护和管理成本，仅机械作业一项实现纯收入15万元。

二、经营管理模式

任何一种类型的农民专业合作组织若要获得持久发展，必须选择一条科学的经营模式和运行机制。则字村农机合作社在选择运营模式上并不一帆风顺，也走了一段规范运作的股份合作制之路。2005年在合作社成立之初，只凭着将农户和耕地集中起来共同经营的美好愿望，将138户农户220公顷耕地吸收入股，由于缺乏科学有效经营管理理念，没有充分调动社员的责任心和积极性，造成大部分入股社员"偷懒"，几乎回到了"大帮哄、大锅饭"的老路，合作社经营亏损近10万元。农民对此形容说："哥兄弟都整不到一块儿，大伙凑到一起早晚得完。"针对这种状况，2006年年初，合作社的理事长(村书记)李志祥召开社员代表大会，认真研究了合作社存在的问题，主要是合作社的运行方式不科学和管理制度不严密。于是，合作社重新修改完善了章程，重新建立了民主管理机构，确定了合作社耕地由大户承包、社员不直接参与耕作的经营方式，并制定了一整套严密的管理规章制度。经过重新调整经营模式和运行机制后，2006年合作社当年实现经济纯收益20余万元，并逐步走向了规范的发展道路。其经营管理模式归纳起来主要有3个特点。

(一)实行股份合作制，实现农民自主管理

合作社采取社员以承包的耕地自愿入股的合作方式，实行股份合作制。由社员投票选举产生董事、理事和监事，组成董事会、理事会和监事会，并选举产生理事长，制定出《则字村农机合作社章程》。通过股份合作制这一有效形式，把合作社的兴衰与社员利益挂钩，形成风险共担、利益共享机制。社员通过董事会、理事会和监事会参与农机合作社的日常管理，合作社重大事项的决策权交社员大会集中投票表决，实现了社员的自主管理，切实保障了入股社员的权益。

(二)创新经营模式，规范收益分配机制

具体包括 3 个方面创新。第一，土地经营由社员共同耕作转为发包经营。合作社将社员入股的 500 公顷耕地转包给 6 户种植大户经营，承包经营大户除每公顷向合作社交纳 4 000 元租金和 280 元机耕费以外，还要承担种子、肥料、耗油、灌溉及雇用人工费用，社员不再直接参与种植决策和具体生产过程。

第二，内部管理由共同管理转为薪酬制管理。合作社在制定完善章程的基础上，根据规范发展需要，详细制定了合作社用工方案、农机具管理、驾驶员聘用、水电管理、油料管理、财务管理、院内管理、护青、收益分配等一系列严密的管理制度。这些制度使合作社做到了 3 个分开。一是入股社员与合作社的直接经营管理分开，重大问题召开社员大会决定，不参与正常经营管理。二是入股社员与合作社出勤人员分开，即入股不一定在合作社参加作业。三是社员入股分成与合作社人员报酬分开。参加合作社管理作业人员，按岗位、工时、绩效确定报酬，全部体现“多劳多得”的原则，包括理事长在内的所有人员没有固定工资，全部挣效益工资。合作社常年聘用的驾驶员依照机械作业种类不同，按作业量、工作完成质量的多少发工资；其他临时用工随用随雇，也全部实行计件工资。这样在体制上实现了合作社的完全民营化，经营独立，确保了绩效至上，避免了在新的体制中再存在“大锅饭、大帮哄”的现象，确保了合作社发展的内在动力。

第三，收益分配由单一股金收入转为股金＋分红＋工资。合作社对每年的种植业收入按 6∶2∶2 的比例进行分配，其中承包经营户占 60%，入股社员分红和合作社积累各占 20%。按照这种分配方式,社员除每公顷有最低 4 000 元的收入外,还享受 20%的股金分红,同时在合作社内打工还有工资性收入。这种收益分配方式把承包经营户、社员和合作社三方的利益紧密地联结在一起,成为利益共同体。

(三)发挥机械化作业优势,实现土地集中规模经营

这是发展农机合作社、实现农机化的根本意义。则字村农机合作社将社员入股耕地全部实行统一耕种、全部实现机械化,最大限度地减少人工。2007 年,合作社利用大型农机具做到春季统一整地、深施基肥、机械精量平播、机械起垄、喷灌浇水、机械中耕、机械药剂除草、机械追肥、机械收获、机械脱粒、统一出售,将机械化作业渗透到粮食生产的每一个环节,真正发挥大型农业机械作业的优势。

三、效益分析

则字村农机合作社代表了未来一个时期农业机械化的实现方式和发展方向,体现了"大农机"作业的效益优势,突出表现在 3 个方面。

(一)推进农业标准化建设,促进了农业增效和农民增收

2007 年则字村农机合作社 500 公顷耕地,全部实现了订单种植。其中与乾安双军公司签订的 300 公顷黏玉米,全部按照公司要求采用标准化机械统一耕种,提升了黏玉米品质,降低了斤粮成本。合作社 300 公顷黏玉米的播种,全部经人工选种后,使用气吸式精量播种机精量播种,每公顷用种 12.5 千克,较农民常规人工播种每公顷省种 15 千克,合作社 300 公顷黏玉米仅省种一项节省开支 7.2 万元。通过大机械作业粮食增产效果也十分明显,经比较,合作社的黏玉米较常规耕作法增产 15%左右,加之籽粒饱满、色泽度好、含水率低,提高了产品等级和销售价格。合作社每公顷黏玉米销售收入达 1.3 万元,比常年大田玉米增收 3 000 元。同时，合作社的农机具除在本村作业外，还对外承包种草作业200公顷，收入5.2万元；承担外村屯修路等挖掘土方作业收入近5万元；到扶余县进行跨区作业收割玉米600公顷，收入9万元。预计2007年合作社纯收益在40万元以上，社员家庭人均纯收入达6 000元以上，比未入社农户高出1 000元左右。

(二)加强基础设施建设，提高了抗御自然灾害能力

日益严重的干旱和日趋薄弱的基础设施，一直是困扰吉林省西部地区农业生产的难题。则字村农机合作社依靠43眼机电井和喷灌设备以及大规模机械深耕、深翻等机械整地作业，提高了抗御自然灾害的能力，使这些问题迎刃而解。2007年乾安县遭遇了特大旱灾，合作社利用喷灌将往年浇一遍的地浇了5遍，每公顷普通玉米产量达10 000千克，与往年持平；而未入社的耕地采取传统的垄沟灌，耗水量大，灌溉时间长，只能灌溉一遍，产量只有六成左右，这也是当年全村粮食产量总体减产三成的主要原因。

(三)调整农村产业结构，转移农村富余劳动力

则字村农机合作社有效地解决了由于农户分散经营导致的低效生产、无序竞争等问题，实现土地由粗放式经营向集约化经营转变。采用大型机械化作业后，全社230户社员500公顷耕地仅由35人就全部耕作完成，比常规情况下至少节省了近200个劳动力，使这些劳动力从繁重的农业生产中解放出来，腾出更多的精力从事养殖业、进城打工或者从事第二、第三产业。今年外出劳务人员达213人，占劳动力数的26%，可实现创收94万元。在合作社内从事种植业的田间管理、灌地、收地等季节性务工人员在7 500人(次)，收入达30万元。两项合计，2007年则字村劳务经济可收入124万元，人均劳务收入824元。

第九节　土地流转案例

2008年，甘肃、四川、山东等省，出现了一种新型农民专业合作社——土地流转合作社，为实现农村土地的有效流转，促进农民增收，推动农业产业化发展开辟了一条新路。土地流转合作社也快速推行开来，并日益受到各界关注。通过近两年的努力，土地流转合作社在提高农民的组织化程度，保障农民分享土地增值收益上取得了一定成效。但是从整体来看，全国大部分村庄在土地规模化流转的达成、农民生产与生活的保障、合作社的运转等很多层面上存在着问题，如何有效解决这些问题？田种湾村土地流转合作社的经验值得借鉴。

一、田种湾村土地流转的基本情况

田种湾村位于河南省新密市西北25千米处的尖山管委会中部，海拔900多米，全村下辖12个村民小组，480户，1 720口人，耕地面积1 500多亩。该村是革命老区，地处山区，一直是省级贫困村，人均耕地面积仅为0.89亩，粮食作物以小麦、玉米为主，产量均为300千克/亩左右，由于基础设施较差，如遇天灾则会颗粒无收。2007年农民人均纯收入为800多元，大部分村民都外出务工。鉴于这种情况，2007年，该村11户农户由村委牵头把20多亩耕地出租给种菜大户，租赁价格为700元/年。当时大部分农户还不敢流转，因为土地仍然在解决吃饭问题上发挥着重大作用，一旦流转出去他们担心无任何保障会影响生存安全。2008年适逢旱灾，农民的玉米几乎面临着颗粒无收的局面，村委借机动员村民把玉米地作为新增流转土地，扩大蔬菜种植规模，将租赁面积扩大到120亩，规划为3个蔬菜种植区，同时将租赁费改为350元/季，租赁期为6～10个月，农户的收益得到极大提高，同时租赁期较短，农户也放心。为了进一步扩大土地流转面积，蔬菜种植户在市农业局和村委的引导下，按照“民管、民办、民受益”的办社原则，成立了“新密市伏羲山合作社”，土地流转面积达到560亩。

二、土地流转合作社何以可能？

田种湾村地处山区，一直是省级贫困村，人均耕地面积仅为0.89亩，农业基础较差，水源不足、信息闭塞，基本是靠天吃饭，农民信守的仍然是“庄稼不收年年种，总有一年好收成”的观念。该村大部分耕地全部种植普通粮食作物，小麦和玉米产量均为300千克/亩左右，旱涝之年几乎都会颗粒无收。尤其是随着近年来农资价格的上涨，土地的产出收益非常低，除去每亩生产资料投入和劳动力投入，纯收入为负。这些问题的存在成为田种湾村土地流转合作社成立的基础条件。田种湾村的情况虽然有些特殊，但仍是很多村庄面临的共同问题。农民知道土地产出已经难以提高，也普遍有合作意愿，但是合作面临着利益分配、生活保障等一系列难以解决的问题。解决这些问题单纯依靠国家的微弱投入显得有些力不足道，从更为根本层面来看，积极发现介入力量引导农民合作成为关键。

田种湾村能够引导农民合作的主导力量是村两委，村两委成员都是村里的积极分子和能人，他们上任后积极通过关系寻找村民致富的项目，2007年与市蔬菜研究所及农业局合作，通过农业局的指导，认为村庄由于地势较高可以种植反季节蔬菜，同时，6月份小麦收割后开始种植蔬菜，10月蔬菜收割完毕后把耕地交付农户用于小麦种植。于是2008年，村委鼓励村民把土地流转给种田能手，并引导成立了土地流转合作社，这样农户不仅可以保证小麦的耕种，解决农民的吃饭消费问题，而且农民每亩土地每年还可以获得700元的租金。

三、土地流转合作社如何可为？

合作社成立后，由市蔬菜研究所提供种子、农药、化肥和技术指导，由于蔬菜质量较高，而且是反季节蔬菜，这使得蔬菜销路异常好，蔬菜不出山地就销售一空，种菜户均收入可达5万元。由于土地的合理流转以及合作社的存在，可以保障土地流转租金的交付，并且合作社随时根据土地收益提高租金，使得劳动力可以安心在外务工。同时，全村的老年人也可以在菜地务工，月收入可达400元。土地合作社的成立很好地解决了乡村闲散的劳动力问题，同时合作社也提供乡村一些基础设施的建设，使得靠天吃饭的农业生产逐步改善，农民的生产热情得到提高，农民逐步感受到合作经营的优势。在与市场打交道的问题上，合作社基本上承担了所有问题，由于一些村委成员也是合作社创立者，他们积极推动农户土地经营与合作社的良性运转。合作社定出最低收购价格，保证群众的最低收益。在流通、销售方面，合作社协商集体购买运输设备，用于外销，同时与地方市场、超市等签订直供协议，保证蔬菜的顺利销售。在合作社的积极推动下，不仅提高了收益，也解决了很多人的就业问题。

对于主要的农业产区来说，由于人地关系紧张，耕地对于农民来说异常珍贵。虽然分田到户调动了农民生产的积极性，但是这也仅是解决了农民的温饱问题，而如何让土地发挥更大的效用已经不是一家一户所能解决的问题。分散的小农家庭经营模式很难推动农业、农村的发展。因此，在继续稳定家庭承包责任制的基础之上，让农民自愿以各种形式组建农民专业合作社，是实现农民增收的关键。而田种湾村土地流转合作社的实现，不仅解决了土地的细碎化问题，而且实现了“家庭农场＋农民合作经济组织”的双重经营模式。合作社可以接收农户申请托管的土地，合理利用撂荒地。由合作社进行规模种植或通过乡镇调剂和网上招租等形式，可以把土地承包出去，解决“包给谁”和“谁想包”的土地使用供求矛盾和土地撂荒问题，使土地流转进入有序的市场化轨道。同时，合作社不断地扩展自己的合作范围，实现家庭农场之间跨村的联合，保证农民形成规模经营的优势，与各种市场主体展开积极有效的竞争，将农业产生的经济效益留在了农村。

第十节 水资源合作案例

山东省费县大田庄乡黄土三联农水合作社是水资源合作组织的典型案例，黄土庄村位于费县大田庄乡东部山区，全村 390 户，1 289人，有耕地 1 230 亩、山林 1 800 亩、果园 2 000 亩，主要以发展山楂、苹果、桃、板栗等林果生产为主。近几年来，该村干部群众按照市场经济发展要求，不断深化小农水产权制度改革、积极探索和完善农水建管机制，于 1998 年创办了黄土三联农水合作社，有力地促进当地林果业和乡村观光旅游业发展。

一、立足山区实际，探索水利建管模式

自 20 世纪 80 年代以来，黄土庄村就积极发展以桃、苹果、板栗等为主的林果业，1992 年全村果园面积达到了 800 亩，成为全村农民增收致富的“绿色银行”。随着高效瓜果生产的发展，农业用水的供求矛盾越来越尖锐。一是原有水利设施的灌溉能力难以满足高效农业快速发展的需求，每逢干旱季节群众争水源、抢浇灌的现象时有发生；二是原来的水利建设投入机制不适应市场农业发展的新形势，“大呼隆”式的群众出工、出钱办水利，因存在工程受益不均而挫伤了部分群众积极性；三是原有用水管理机制不符合市场经济发展要求的水利运行机制，水利设施所有权、管理权与使用权分离导致了重建重用轻管理，造成部分水利设施年久失修，功能退化，难以发挥应有效益。市场经济呼唤新型的水利建设管

理机制。

1992 年，在乡党委、政府和乡水利站的指导下，在对全村水库、塘坝等水利设施调查摸底的基础上，对水利设施进行了公开拍卖，积极鼓励农户出资出工自办水利，实行“民建、民有、民营”。一系列改革措施极大地调动了群众兴办水利的积极性，当年就有 15 处村办水利工程被 24 户村民或买或租或包，实现了水利商品化。到 1998 年，全村户办、联户办水利工程已达 200 多处，铺设地下输水管道 4 万多米。80％小农水设施虽然有了较大发展，但存在着管理粗放、水资源利用率不高、农民水费负担过重等问题和矛盾，迫切需要进一步改革农水管理机制，建立起全村范围内联合办水、管水的新模式。

二、深化农水改革，发展农水合作社

加快农水改革符合山区高效农业发展需要，有利于改善农民生产生活环境。随着农水产权制度改革的不断深入，农民自愿通过劳务用工、资金和机械物料等不同形式，联户建设“大农水”的愿望越来越迫切，特别是为彻底解决全村人畜吃水和果园生产用水，需要建设较大规模的水利工程，单靠一家一户的投入模式是难以解决的。

从 1999 年 7 月开始，村两委在充分考察论证的基础上，探索了联户建设、联户管理、联户所有的“三联农水合作社”模式，即联户入股投资建设，实行民主管理，联户共同所有。

对于拟建的水利工程，把具体建设方案向农民说清楚，鼓励农民在自愿的基础上，采取有钱出钱、有物投物、有力出力等多种形式，历时一年半的时间，共投工 2.16 万个、投资 100 多万元，建成了高 20.6 米、顶长 82 米、砌体方量 4 896 方、蓄水 10 万余方的大型石拱坝。工程建设中，一是选定项目，由乡、村两级牵头，聘请县水利专业技术人员做好勘察设计、工程预算和效益分析；二是酝酿讨论，把设计方案、工程预算、受益政策交给群众，采取“一事一议”的办法，通过召开党员会、村民代表大会等多种形式，提高农民的参与积极性；三是组织施工，由村两委承担施工组织，帮助农民计工计料，搞好技术指导、安全检查、质量把关、建立账目等。

为了充分发挥新建水利设施的作用，保证投资、投工群众利益，经村两委提议、群众讨论和上级业务部门指导，2001 年 2 月成立了费县大田庄黄土三联农水合作社。合作社筹委会组织制定了合作社章程，并召开了社员大会讨论表决通过。明确了社员入社方式，把社员投入的工、料、机械台班、现金等，按统一标准折算成本金，在自由组合、自愿联户的基础上，确定投资额达到 4 万元的作为一股并推出一名代表，组成合作社理事会即管委会，并从理事会中民主选举产生领导成员，主要负责制订工程的管理、维修，税费标准及征收，财务管理及年度收益分红方案、抗洪防汛等规章制度。理事会主要成员任期三年，届满后可以连选连任。合作社还成立了监事会，监督理事会开展工作。建立了财务管理制度，实行独立核算，明确社员和村集体所持有的投资本金允许买卖、转让，鼓励支持村民一次性买断或购买部分村集体投资本金，购买者享有合作社社员的一切权利和义务。2004 年 2 月，理事会进行了换届选举，原理事会、监事会成员全票当选，得到了广大社员的高度信任，并根据发展要求对原章程进行了修订，增加新社员 500 名，辐射带动农户 700 余户。

在内部管理上，实行“先买水、后浇地”。社员及村民用水一律按用水方量收取水费，按照全体社员大会讨论确定的水价按时缴纳，逾期不上缴的由理事会取消其用水资格，是社员的取消其分红权利。每年年终，合作社根据工程收益情况，在扣除管理维修费用后，所余部分按投资多少向社员分红。政府扶持资金作为村集体投资份额，与社员一样存在分红，其分红作为集体收入用于公益事业发展。在丰水年农业灌溉少，水费总收入达不到 2 万元的情况下，当年就不再分红，而把水费收入结转下年，形成“滚动式”发展的良性循环，既解决群众吃水用水，还有了“商品水”，农民社员增加了分红收入。

农水合作社的建立，开辟了一条增加水利建设投入新渠道，通过“三联”民办“大农水”，发展“商品水”加强利益联结，解决了多年来一家一户办不了、村集体无力办的问题，农民社员成为农水工程的投资者、拥有者和管理者，实现了农村水务工作的制度化、透明化和公正化，解决了农村长期存在的灌溉秩序混乱、灌溉周期长、浪费水资源、农民水费负担过重以及村干部收水费难等问题，收到了多重效果。

三、发展用水合作，促进了高效农业的发展

合作办水、管水，改善了农田水利基础条件，为发展市场农业注入了新的生机和活力。一是促进了农民立足山区资源优势，开山整地，改粮种果，大力发展林果业，全村果园面积已发展到 2 200 亩，年产干鲜果 200 多万千克，成为全县最早的“无粮村”；二是促进了农业生产科技化。随着林果专业化生产的发展，农民学习新技术的积极性提高，全村 95％以上的青壮年农民成为果树和西瓜技术员，有 10 多名农民还被外乡外县聘为生产技术顾问。该村生产的瓜果以优质无公害而远销“两广”和“东北三省”，农民田荣芳所种的大西瓜曾连续四年在全国性比赛中夺冠，并注册了“双冠”牌商标；三是促进了农业服务社会化。随着高效瓜果业的发展，培养了一大批瓜果销售服务能人，带动了大田庄乡整个东部山区林果业的发展，受益人口达 3 000 多人，受益面积达 2 500 余亩，人均减轻水费负担 50 多元，人均增收 200 多元。随着三联农水合作社的建立和农业结构的调整，积极引导农民自愿创立了黄土果品合作社，社员跑东北，下江南，联系客户，开拓市场，以其生产的优质果品吸引了全国各地的客商，每到销售高峰季节，日上车辆 200 多

辆次，带动建起了占地 15 亩的果品销售市场，解决了果农的后顾之忧，并辐射带动了周边商店、饭店等服务行业的发展，增加了农民收入，保护了农民的合法权益。

目前，该村累计投资 320 多万元，建设小型水利工程达 500 余个，输水管道 6.5 万多米，扩大改善灌溉面积 2 200 多亩。“不用电，不烧油，一根管子到地头；边浇地，边唱游，一个拱坝解百愁”已成为该村的真实写照。如今的黄土庄村，呈现出春卖桃，夏收瓜，苹果、板栗秋天下，冬季贮藏卖高价，一年四季有钱花的可喜局面。自 2005 年以来，先后多次被临沂市政府评为标准化农民专业合作社，国家农业部、水利部、山东省农业厅、水利厅等部门多次到该村调研，2002 年 9 月全国农水现场会把该社列为现场之一。曾庆红、吴官正等中央领导和张高丽、李群等省委、市委领导，都对该村的“三联”办水模式给予了高度评价。

附录

国家农业综合开发产业化经营财政补助项目 农民专业合作社申报书编写参考大纲

一、合作社基本情况

(一)合作社概况

合作社成立时间,成员及出资构成,收益分配机制,获得的各种荣誉及认证情况,合作社法人代表基本情况,管理机构设置情况,办公条件及工作人员情况,财务管理等制度建设情况。

(二)运营状况

1. 主业发展情况。主导产品生产及销售、盈利情况。

2. 项目申报前一年度合作社的财务及分配情况。

(三)以前年度各类财政资金对合作社的扶持情况

二、项目立项背景

(一)必要性分析

主要阐述项目对合作社发展、促进成员增收及带动农民增收等方面的必要性。

(二)优势分析

实施项目的技术、资源、政策等方面优势。

(三)市场分析

项目产品(服务)的市场前景预测及风险分析。

(四)合作社成员对申请项目的支持情况

合作社成员大会或代表大会对申请项目的支持情况。主要包括项目申报、实施方案、筹资方式、收益分配等。

三、项目目标

包括主要产品、生产能力等目标。

种植类项目应说明种植面积、作物种类、产量、季节安排等；

养殖类项目应说明养殖种类，畜禽存栏数、出栏数等(水产项目应说明水产养殖面积、种类、产量、季节安排等)；

加工类项目应说明加工产品的种类、产量、产品的特性、季节安排等；

流通类项目应说明贮藏、交易或经营产品的种类、数量、交易额、季节安排等。

若项目为在现有基础上的扩建、改建项目，应说明现有生产能力及新增生产规模。

四、项目建设方案

(一)主要建设内容

1. 建设地点

详细说明具体建设地点、占地面积、土地来源、社员参与方式，种植、养殖项目应说明每个社员承担的具体种植面积、养殖数量等。

2. 技术路线(农艺措施)及流程

详细说明产品技术路线(农艺措施)、产品工艺并提供流程图。

3. 设备购置

详细说明设备清单(名称、型号、数量、价格)。

4. 设施建设

详细说明生产设施、辅助设施等各类设施任务量(名称、类型、数量、价格等)。

5. 科技措施

详细说明新品种、新技术(包括新工艺、新材料)的来源，先进性及技术引进、示范方案，技术培训方案。

6. 其他措施

(二)主要技术参数

种植类项目包括种植密度、成活率、补栽率、挂果期、盛果期等。

养殖类项目包括配种率、产仔(蛋)数、成活率、死亡率、淘汰率、料肉比等。

加工类项目包括出品率、损耗率等。

流通类项目包括流通环节的损耗率、完好率等。

(三)项目涉及的相关环保措施

1. 养殖项目污染物处理等措施。

2. 加工项目废弃物处理等措施。

(四)项目组织与管理

1. 建设期机构设置及职责

2. 运营期机构设置及人员配备

3. 进度安排

4. 管理措施

分别说明建设阶段和项目竣工投产后的管理措施。

五、投资估算与资金来源

(一)总投资估算

包括建设投资、建设期利息、流动资金及分建设内容的投资估算。

(二)资金来源

1. 中央财政资金

2. 地方财政配套资金

3. 自筹资金及来源

4. 银行贷款及筹措

5. 其他资金

(三)财政补助资金使用和管理

1. 财政补助资金主要支持的环节

2. 财政补助资金的管理

(四)自筹资金的使用和管理

六、效益分析

(一)经济效益

1. 项目投入产出情况

合作社自身的产出量、收入、成本、利润等绝对指标。

2. 成员增收情况

参与项目农户生产环节的增收情况。包括产量、质量、价格变化等情况。

3. 可分配盈余及分配情况

(二)社会及生态效益

项目建设对当地主导产业发展的影响;

项目辐射周边农户数量及带动增收情况等。

附表:

1. 财政补助合作社项目申报单位基本情况表

2. 投资估算汇总表

2-1. 设施投资明细表

2-2. 设备投资明细表

2-3. 科技措施投资明细表

2-4. 流动资金测算表

3. 财政资金使用明细表

4. 盈余及盈余分配表

4-1. 经营收入、营业税金及附加和增值税测算表

4-2. 成本费用测算表

附图：

1. 项目区位示意图

2. 项目规划或平面布局图

3. 其他图件

附件：

1. 合作社营业执照及组织机构代码证

2. 合作社章程、相关制度及入社成员名单（包括姓名、身份、住址、身份证号、联系方式）

3. 合作社成员大会或代表大会申报项目的决议

4. 自筹资金证明

5. 项目申报前一年度财务审计报告

6. 土地使用证明（加工及流通设施等用地）或土地租赁、承包协议（种植、养殖项目用地）

7. 环保部门出具的意见或证明材料（养殖项目、加工项目）

8. 其他相关材料

参考文献

[1] 苑鹏．部分西方发达国家政府与合作社关系的历史演变及其对中国的启示[J]．中国农村经济，2009(8).

[2] 吕青芹，张林，韩星．国外的农业合作社[M]．北京：中国社会出版社，2006.

[3] 傅晨．中国农村合作经济：组织形式与制度变迁[M]．北京：中国经济出版，2006.

[4] 张晓山．浅析农民专业合作组织的发展和农业基本经营制度的创新[J]．中国党政论坛，2006(6).

[5] 周维宏．中日农村经济组织比较[M]．北京：经济科学出版社，2007.

[6] 张旭锋．当代发达国家农业合作经济发展探讨[J]．农村合作经济经营管理，2005(1).

[7] 黄祖辉，徐旭初．大力发展农民专业合作经济组织[J]．农业经济问题，2003(5).

[8] 张晓山，苑鹏．合作经济理论与实践[M]．北京：中国城市出版社，1991(9).

[9] 傅晨．"新一代合作社"：合作社制度创新的源泉[J]．中国农村经济，2003(6).

[10] 郭富清．西方国家合作社公司化趋向与我国农民专业合作社法的回应[J]．农村经济问题，2007(6).

[11] 刘健．日本农协发展对我国农村专业经济协会的启示[J]．农村经济，2005(7).

[12] 葛文光．农民专业合作经济组织发展的理论与实践[M]．北京：中国农业出版社，2008.

[13] 冯道杰．我国新型农民合作经济组织发展障碍研究[J]．农业经济，2006(1).

[14] 孙步山．农民专业合作经济组织研究——以扬州市为例[D]．苏州大学，2007.

[15] 张莉．农民专业合作经济组织发展研究——以新泰市为例[D]．山东农业大学，2009.

[16] 徐旭初．农民专业合作经济组织的制度分析——以浙江省为例[D]．浙江大学，2005.

[17] 陈晓华．农村专业合作经济组织的建设[N]，农民日报，2003.

[18] 陈锦飞．农民专业合作经济组织发展中存在的问题及对策研究[D]．湘潭大学，2005.

[19] 侯保疆．我国农民专业合作经济组织的发展轨迹及其特点[J]，2007.

[20] 段小平．我国农民专业合作经济组织发展研究[D]．山西财经大学，2006.

[21] 刘婷．农民专业合作社与区域环境相互作用研究[D]．河南大学，2009.

[22] 侯晨嫣．河北省农民专业合作经济组织发展研究[D]．河北农业大学，2009.

[23] 刘会想．农民专业合作经济组织发展研究[D]．河北农业大学，2002.

[24] 陆咏梅．探索我国农民专业合作经济组织的发展[D]．华东政法大学，2007.

[25] 李文德．黑龙江省新型农民合作组织发展研究[D]．中国农业科学院，2006.

[26] 应若平．我国农民专业合作经济组织的生发机制[D]．华中科技大学，2005.

[27] 余梦秋,蒋和胜. 农村专业合作组织的根本特征及发展趋势[J],农业经济与科技,2005.

[28] 张建华. 农村合作经济组织发展模式研究[D]. 南京林业大学 2007.

[29] 孔祥智,史冰清. 当前农民专业合作组织的运行机制、基本作用及影响因素分析[J]. 农村经济,2009(1).

[30] 黄祖辉,徐旭初,冯冠胜. 农民专业合作组织发展的影响因素分析——对浙江省农民专业合作组织发展现状的探讨[J]. 中国农村经济,2002(3).

[31] 谢君,肖磊. 推进农民专业合作经济组织发展的对策[J]. 农业产业化,2006(1).

[32] 孔祥智,郭艳芹. 现阶段农民合作经济组织的基本状况、组织管理及政府作用——23 省农民合作经济组织调查报告[J]. 农业经济问题,2006(01).

[33] 晋入勤. 合作社治理结构研究——公司治理结构理论的演绎[J]. 天津市政法管理干部学院学报,2008(4).

[34] 傅晨. 农民专业合作经济组织的现状及问题[J]. 经济学家,2004(5).

[35] 国奋来. 合作社制度及专业协会实践的制度经济学分析[J]. 中国村观察,2001(4).

[36] 黄祖辉,徐旭初. 中国的农民专业合作社与制度安排[J]. 农民问题,2005(4).

[37] 余丽燕,郑少锋. 浅论农民专业合作社财务管理问题[J]. 经济研究导刊,2007(7).

[38] 杨中万. 论新农村建设动力结构[J]. 湖湘论坛,2007(1).

[39] 赵佳荣. 农民专业合作社:绩效及组织、环境改进[D]. 湖南农业大学,2009.

[40] 黄胜忠．转型时期农民专业合作社的组织行为研究：基于成员异质性的视角[D]．浙江大学,2007.

[41] 孙浩杰．农民专业合作经济组织生成与运行机制研究[D]．西北农林科技大学,2008.

[42] 赵慧峰．中国农民专业合作经济组织发育规律及运行机制研究[D]．河北农业大学,2007.

[43] 彭科研．泰安市农民专业合作社发展问题及对策研究[D]．山东农业大学,2010.

[44] 李邦勤．农民专业合作组织健康发展研究——以怀宁县为例[D]．安徽大学,2010.

[45] 刘干生,夏正安．安化县阿香柑橘专业合作社为农服务调查[J]．中国果业信息,2010.

[46] 郭红东．大户领办型农民专业合作社研究——以箬横西瓜合作社为例[J]．学会,2010(1).

[47] 黄俐晔．广东省农民专业合作经济组织运作模式的实证分析[J]．广东农业科学,2007(3).

[48] 杜斌．我国农业合作经济组织发展模式选择研究[D]．西北农林科技大学,2007.

[49] 张满林．我国农民专业合作社治理问题研究[D]．北京林业大学,2009.

[50] 张美珍．农民专业合作社人力资源开发研究[D]．西北农林科技大学,2010.

[51] 赵继新．中国农民合作经济组织发展研究[D]．中国农业大学,2003.

[52] 张月辰．农民专业合作经济组织系统管理研究[D]．天津大学,2006.

[53] 张妍．浙江省农民专业合作经济组织发展研究[D]．中国地质大学(北京),2007.

[54] 闰石．农民专业合作社联合社发展研究[D]. 中国政法大学，2010.

[55] 吴兴安．我国农民专业合作经济组织发展对策研究[D]. 北京交通大学，2006.

[56] 狄大伟．农民组织与农民权益保护——基于台湾农会的分析[J]. 台湾农业探索，2010.

[57] 郑少红，张春霞．台湾地区农业产销班经营模式对福建农民合作组织的启示[J]. 福建农林大学学报，2007(01).

[58] 缪建平．台湾农民合作组织的经验及启示[J]. 台湾农业探索，2009(01).

[59] 艾云航．日本农协的发展历程和运作方式[J]. 世界农业，2000(10).

[60] 焦必方．日本的农业、农民和农村——战后日本农业的发展与问题[M]. 上海财经大学出版社，1997.

[61] 徐旭初．德国农业合作社发展及对我国的几点启示[J]. 农村经营管理，2008(05).

[62] 李敬锁．德国农业合作社的历史、现状及发展趋势[J]. 中国农民合作社，2010(10).

[63] 杨玲玲，辛小丽．大合作社运动的起源、现状及未来趋势[J]. 科学社会主义，2006(04).

[64] 王征兵，许婕．国外发展农民专业合作社的经验及其借鉴——以美国、西班牙和日本为例[J]. 湖南农业大学学报，2010(02).

[65] 苑鹏．台湾农业合作社的历史演进与发展现状[J]. 中国农村经济，1999(04).

[66] 唐兴霖，刘国臻．国外三种主流农协模式之比较[J]. 行政论坛 2010(04).

[67] 李玲玲．国外农业合作社发展经验及对中国的启示

[J]. 现代营销,2010(12).

[68] 钟广池. 农民专业合作社税收优惠法律制度研究[J]. 华南农业大学学报,2010(02).

[69] 陈晓华. 总结经验明确任务促进农民专业合作社又好又快发展——在全国农民专业合作社经验交流会上的讲话,2010.

[70] 苑鹏. 农民专业合作组织的财政扶持政策研究[J]. 学习与实践,2009(08).

[71] 金融时报,银监会、农业部出台五项金融措施支持农民专业合作社加快发展,2009.

[72] 龚跃江. 项目建设资金申报"五部曲"[J]. 农村财政会计,2010(04).

[73] 孔祥智,史冰清. 我国农民专业合作经济组织发展的制度变迁及政策评价(1978—2008)[J]. 中国合作经济评论,2010(2).

[74] 张笑寒. 农村土地股份合作社:运行特征、现实困境和出路选择——以苏南上林村为个案[J]. 中国土地科学,2009(02).

[75] 王德业,孔磊,等. 农民专业合作社拓展金融功能研究:夏庄花生合作社案例[J]. 金融发展研究,2010(05).

[76] 赵学刚,谢君. 大学生联合领办农民联合发展——记发展中的重庆蜀都蔬菜种植专业合作社[J]. 中国农民合作社,2011(05).

[77] 曹碧鹏. 以联合壮实力靠品牌谋效益——陕西杨凌农夫果业专业合作社案例分析[J]. 中国合作经济,2010(01).

[78] 王惠. 伊宁市新生源奶牛养殖专业合作社发展模式[J]. 中国畜牧业,2011(24).

[79] 刘涛. 土地流转合作社何以可能?如何可为?[J]. 中国专业合作社,2010(5).

金盾版图书，科学实用，
通俗易懂，物美价廉，欢迎选购

神农之魂大地长歌	168.00
农村常用应用文写作	15.00
大学生村官必读	19.00
农业生产与气象	12.00
农业气象灾害防御知识问答	10.00
农用气象解读	8.00
农家科学致富400法(第三次修订版)	40.00
农村实用文书写作	13.00
新农村文化建设与信息资源开发	10.00
都市型现代农业概要	12.00
新农村科学种植概要	17.00
新农村科学养殖概要	15.00
农村土地资源利用与保护	11.00
新农村可持续发展模式与农业品牌建设	11.00
农村干部防腐倡廉与监督	13.00
新农村社会保障体系建设	9.00
新农村环境保护与治理	12.00
大学生村官的使命与创业	10.00
农业技术推广与农村招商引资	11.00
农业防灾减灾及农村突发事件应对	13.00
依法维护农村社会生活秩序	13.00
农村金融与农户小额信贷	11.00
农村土地管理政策与务实	14.00
农村环境保护	16.00
农村村务管理	12.00
农村财务管理	17.00
农村政策与法规	17.00
农村实用信息检索与利用	13.00
园艺设施建造与环境调控	15.00
现代蔬菜育苗	13.00
蔬菜病虫害防治	15.00
果树苗木繁育	12.00
设施果树栽培	16.00
果树病虫害防治	15.00
实用畜禽繁殖技术	17.00
畜禽营养与饲料	19.00
实用家兔养殖技术	17.00
家畜普通病防治	19.00
实用毛皮动物养殖技术	15.00
城郊村干部如何当好新农村建设带头人	8.00
城郊农村如何维护农民经济权益	9.00

城郊农村如何办好农民专业合作经济组织	8.50
城郊农村如何搞好人民调解	9.00
城郊农村如何发展蔬菜业	6.50
城郊农村如何发展果业	7.50
城郊农村如何发展食用菌业	9.00
城郊农村如何发展畜禽养殖业	14.00
城郊农村如何发展花卉业	7.00
城郊农村如何发展苗圃业	9.00
城郊农村如何发展观光农业	8.50
城郊农村如何搞好农产品贸易	6.50
城郊农村如何办好集体企业和民营企业	8.50
城郊农村如何搞好小城镇建设	10.00
农村规划员培训教材	8.00
农资农家店营销员培训教材	8.00
新农村经纪人培训教材	8.00
农村经济核算员培训教材	9.00
农村气象信息员培训教材	8.00
农村电脑操作员培训教材	8.00
农村沼气工培训教材	10.00
耕地机械作业手培训教材	10.00
玉米农艺工培训教材	10.00
小麦植保员培训教材	9.00
小麦农艺工培训教材	8.00
水稻植保员培训教材	10.00
水稻农艺工培训教材(北方本)	12.00
绿叶菜类蔬菜园艺工培训教材(北方本)	9.00
绿叶菜类蔬菜园艺工培训教材(南方本)	8.00
豆类蔬菜园艺工培训教材(北方本)	10.00
蔬菜植保员培训教材(北方本)	10.00
蔬菜贮运工培训教材	10.00
果品贮运工培训教材	8.00
果树植保员培训教材(北方本)	9.00
果树育苗工培训教材	10.00
西瓜园艺工培训教材	9.00
茶厂制茶工培训教材	10.00
园林绿化工培训教材	10.00
园林育苗工培训教材	9.00
园林养护工培训教材	10.00
猪饲养员培训教材	9.00
奶牛饲养员培训教材	8.00
肉羊饲养员培训教材	9.00
羊防疫员培训教材	9.00
家兔饲养员培训教材	9.00
家兔防疫员培训教材	9.00
淡水鱼苗种培育工培训教材	9.00
池塘成鱼养殖工培训	

教材	9.00
家禽防疫员培训教材	7.00
家禽孵化工培训教材	8.00
蛋鸡饲养员培训教材	7.00
肉鸡饲养员培训教材	8.00
蛋鸭饲养员培训教材	7.00
肉鸭饲养员培训教材	8.00
养蜂工培训教材	9.00
小麦标准化生产技术	10.00
玉米标准化生产技术	10.00
大豆标准化生产技术	6.00
花生标准化生产技术	10.00
花椰菜标准化生产技术	8.00
萝卜标准化生产技术	7.00
黄瓜标准化生产技术	10.00
茄子标准化生产技术	9.50
番茄标准化生产技术	12.00
辣椒标准化生产技术	12.00
韭菜标准化生产技术	9.00
大蒜标准化生产技术	14.00
猕猴桃标准化生产技术	12.00
核桃标准化生产技术	12.00
香蕉标准化生产技术	9.00
甜瓜标准化生产技术	10.00
香菇标准化生产技术	10.00
金针菇标准化生产技术	7.00
滑菇标准化生产技术	6.00
平菇标准化生产技术	7.00
黑木耳标准化生产技术	9.00
绞股蓝标准化生产技术	7.00
天麻标准化生产技术	10.00
当归标准化生产技术	10.00
北五味子标准化生产技术	6.00
金银花标准化生产技术	10.00
小粒咖啡标准化生产技术	10.00
烤烟标准化生产技术	15.00
猪标准化生产技术	9.00
奶牛标准化生产技术	10.00
肉羊标准化生产技术	18.00
獭兔标准化生产技术	13.00
长毛兔标准化生产技术	15.00
肉兔标准化生产技术	11.00
蛋鸡标准化生产技术	9.00
肉鸡标准化生产技术	12.00
肉鸭标准化生产技术	16.00
肉狗标准化生产技术	16.00
狐标准化生产技术	9.00
貉标准化生产技术	10.00
菜田化学除草技术问答	11.00
蔬菜茬口安排技术问答	10.00
食用菌优质高产栽培技术问答	16.00
草生菌高效栽培技术问答	17.00
木生菌高效栽培技术问答	14.00
果树盆栽与盆景制作技术问答	11.00
蚕病防治基础知识及技术问答	9.00
猪养殖技术问答	14.00
奶牛养殖技术问答	12.00
秸杆养肉牛配套技术问答	11.00
水牛改良与奶用养殖技术问答	13.00
犊牛培育技术问答	10.00
秸杆养肉羊配套技术问答	12.00
家兔养殖技术问答	18.00
肉鸡养殖技术问答	10.00
蛋鸡养殖技术问答	12.00

生态放养柴鸡关键技术问答 12.00
蛋鸭养殖技术问答 9.00
青粗饲料养鹅配套技术问答 11.00
提高海参增养殖效益技术问答 12.00
泥鳅养殖技术问答 9.00
花生地膜覆盖高产栽培致富·吉林省白城市林海镇 8.00
蔬菜规模化种植致富第一村·山东寿光市三元朱村 12.00
大棚番茄制种致富·陕西省西安市栎阳镇 13.00
农林下脚料栽培竹荪致富·福建省顺昌县大历镇 10.00
银耳产业化经营致富·福建省古田县大桥镇 12.00
姬菇规范化栽培致富·江西省杭州市罗针镇 11.00
农村能源开发富一乡·吉林省扶余县新万发镇 11.00
怎样提高玉米种植效益 10.00
怎样提高大豆种植效益 10.00
怎样提高大白菜种植效益 7.00
怎样提高马铃薯种植效益 10.00
怎样提高黄瓜种植效益 7.00
怎样提高茄子种植效益 10.00
怎样提高番茄种植效益 8.00
怎样提高辣椒种植效益 11.00
怎样提高苹果栽培效益 13.00
怎样提高梨栽培效益 9.00
怎样提高桃栽培效益 11.00
怎样提高猕猴桃栽培效益 12.00
怎样提高甜樱桃栽培效益 11.00
怎样提高杏栽培效益 10.00
怎样提高李栽培效益 9.00
怎样提高枣栽培效益 10.00
怎样提高山楂栽培效益 12.00
怎样提高板栗栽培效益 13.00
怎样提高核桃栽培效益 11.00
怎样提高葡萄栽培效益 12.00
怎样提高荔枝栽培效益 9.50
怎样提高种西瓜效益 8.00
怎样提高甜瓜种植效益 9.00
怎样提高蘑菇种植效益 12.00
提高绿叶菜商品性栽培技术问答 11.00
提高大葱商品性栽培技术问答 9.00
提高大白菜商品性栽培技术问答 10.00
提高甘蓝商品性栽培技术问答 10.00
提高萝卜商品性栽培技术问答 10.00

以上图书由全国各地新华书店经销。凡向本社邮购图书或音像制品，可通过邮局汇款，在汇单“附言”栏填写所购书目，邮购图书均可享受9折优惠。购书30元(按打折后实款计算)以上的免收邮挂费，购书不足30元的按邮局资费标准收取3元挂号费，邮寄费由我社承担。邮购地址：北京市丰台区晓月中路29号，邮政编码：100072，联系人：金友，电话：(010)83210681、83210682、83219215、83219217(传真)。